给南希(Nancy)、大卫(David)

和斯蒂文(Steven)①

---

① 译者注：南希·鲁道夫(Nancy Rudolph)、大卫·杰克逊(David Jackson)、斯蒂文·杰克逊(Steven Jackson)是菲利普·W. 杰克逊和约瑟芬·杰克逊(Josephine Jackson)的孩子。另外，在初版"序言"中，杰克逊称呼妻子为乔(Jo)。

教育的视界

——在比较中西、会通古今中
发展中国教育学

　　梁启超 1901 年指出：中国自 19 世纪开始即进入"世界之中国"阶段。这意味着中国与世界相互交织，化为一体。

　　王国维 1923 年进一步说道："余谓中西二学，盛则俱盛，衰则俱衰。风气既开，互相推助。且居今日之世，讲今日之学，未有西学不兴而中学能兴者，亦未有中学不兴而西学能兴者。"这意味着中西二学相互交融，盛衰一体、兴废一体。

　　困扰中国社会发展的"古今""中西"问题始终相互影响。倘不能处理好"中西"问题，忽视"西学"或"西体"，则必然走向"中国文化本位论"，进而不能处理好"古今"问题，中国实现现代化与民主化断无可能。倘不能处理好"古今"问题，忽视中国文化传统或"中学""中体"，则必然走向"全盘西化论"，由此不能处理好"中西"问题，中国文化会深陷危机，中国现代化与民主化会成为无源之水、无本之木。

　　因此，中国教育理论或教育科学的繁荣必须坚持"比较中西、会通古今"的方法论原则。这至少包括如下内涵。

第一,国际视野。我们要取兼容并包的态度,敞开心扉,迎接世界一切先进教育理论进入中国。我们要对这些教育理论进行翻译、研究、吸收并使之"中国化",像当年吸收佛教文献那样。我们要形成教育研究的国际视野:这包括价值论上的"世界主义"胸怀和多元主义价值观;知识论上的多重视角观,学会以人观人、以人观我、以我观人、以我观我,在视角融合和复杂对话中发现教育真理;方法论上的深度比较法,防止简单翻译、机械比附或牵强附会,要上升到文化背景、历史发展和价值取向层面去理解教育问题。

第二,文化传统。我们要珍视已持续两千余年的、以儒释道为核心的中国智慧传统,它不仅构成了中国文化,而且是世界文明不可或缺的组成部分。我们要将中国智慧传统植根于中国社会和历史情境,真诚对待并深刻理解,防止"厚今薄古"或"以今非古"的肤浅之论。我们要基于中国与世界的现实需求和未来趋势,对中国智慧传统进行"转化性创造",使之脱颖而出、焕发生机。我们要基于中国智慧传统理解教育实践、建构教育理论,须知,"中国教育学"唯有基于中国智慧传统方能建成。我们要充分继承五四运动以来中国教育启蒙和教育民主化的宝贵传统,须知,"中国教育学"以实现东方教育民主为根本使命。

第三,实践精神。我们要始终关切实践发展、参与实践变革、解决实践问题、承担实践责任,须知,教育实践是教育科学的源泉。我们要把发展实践智慧作为教师解放和教师专业发展的核心，让教师成为"反思性实践者"。我们要成为每一个学生的真诚倾听者，通过倾听学生而悦纳、理解和帮助学生，最终实现每一个学生的个性自由与解放。

国际视野、文化传统与实践精神的三位一体，即构成"中国教育学精神"。践履这种精神是中国教育学者的使命。

是为序。

张华

于沪上三乐楼

目　录/

/代译者序
不可控的学习：菲利普·W. 杰克逊的学习哲学[①]/

丁道勇

一

在一间小学二年级教室门口，我遇到了三个被罚站在门外的孩子。我问他们为什么会被罚站，是因为没做作业，还是因为迟到了？他们回答说，两个猜测都不对，他们刚刚在晨会期间说话了。问题是，为什么说话会被罚站？要知道，说话本身并没有什么错，在另一些时候教师甚至会鼓励学生们说话。要理解罚站的真正原因，就要与课堂生活的特点联系起来看。在一个有几十号小同学聚

---

① 本文是"北京大学教育论坛"第 222 讲（2019 年 11 月 12 日）的讲稿，修改稿见于：丁道勇：《不可控的学习：〈课堂生活〉开启的学习哲学》，载《北京大学教育评论》，2020（1）。

集在一起的狭小空间内，对于秩序的渴望是每一位教师都难以遏制的。这三位小同学之所以会被罚站，并不是因为说话本身。罚站的真实原因，是这三位小同学挑战了教师设定的秩序。而教师之所以对教室内的秩序有这样强烈的维护，正是由于教室环境的特点所致。

菲利普·W. 杰克逊（Philip W. Jackson，1928－2015）曾描述课堂生活的三大特点，分别是拥挤的人群、评价性的环境以及不平等的权力关系。这三项特点分别要求教师和学生采取一定的生存策略，结果课堂生活本身对学生产生了一些我们始料未及的影响。在《课堂生活》当中，杰克逊发明、使用了"隐形课程"（hidden curriculum）这个概念以指称这些影响。① "隐形课程"这个概念极其成功，很快就得到了众多教育学者的认可甚至青睐。杰克逊写道：

> 人群、表扬和权力结合在一起，让群体性的课堂生活带上了某种独特的风味。这构成了一种隐形课程。要想顺

---

① 杰克逊首次使用"隐形课程"这个概念，是在 1966 年出版的一篇文章当中。文中写道："……每一所学校、每一间教室实际上期望学生掌握两类课程。一般来说，教师最关注的东西，或许可以被称为官方课程。它的核心是读写算，包含学校的所有科目，各种学习手册、练习簿以及教学材料也都服务于它。今日各个课程改革群体喋喋不休、热烈讨论的东西，正是这种课程。另一种课程或许可以被描述为非官方的或者甚至干脆说是隐形的课程，因为至今为止它们都还没有得到什么关注。这种隐形课程也可以用三个 R 来概括，但不是指读（reading）、写（'riting）、算（'rithmetic），而毋宁说是纪律（rule）、规范（regulation）和常规（routine），是为了在这个叫作学校的地方过得少一点痛楚，教师和学生都必须学习的东西。"[Phillip W. Jackson, "The Student's World," *The Elementary School Journal*, 1966(7), pp. 345-357.]

利完成学校生活，每位学生和教师都必须掌握它。课堂生活的这些特征提出的要求，可能与学术性要求也就是官方课程相对立。而正是这些官方课程，在过去一直得到了更多关注。[①]

上述那三个罚站的孩子，正在学习学校生活中非常重要的一课：一种行为只要破坏了秩序就要受罚，而不论这种行为本身是否合理。因为生活在拥挤的人群当中，所以课堂生活一定包含大量举手和排队。许多教师满含温情地回顾课堂上小手如林的场景，而其实这个场景并不怎么美好。正因为同一时间只允许一个人说话，才需要由教师来做出允许谁说话的决定，其结果就是举手回答问题。我们期待学生们在每一个问题被提出以后，都能满怀热情地举起手来。我们期待学生们即使没有得到发言机会也不要气馁，因为后面的问题还多的是。于是，一些孩子就这样在课堂上不厌其烦地举手、放下、举手、放下。表达意见的需求和其他各种需求一道，都不得不服从群体生活规则，排上队才可能得到满足。要注意，这种排队不是出于教师的恶意和忽视，而是由班级授课制的课堂生活特点所致。这种排队对孩子们的影响有多大呢？对于一年级孩子来说，体贴的教师还会允许他们在上课时提出上厕所的要求。但是，等到二年级的时候，如果有学生胆敢在课堂上提出上厕所的要求，

①　本书正文第 41 页。

教师很可能就会说："你下课干什么去了？"可见，连人的排泄需求也是可以被规范的。而所有这一切都和上述三位被罚的小朋友一样，统统是出于对拥挤人群的适应。能够顺利适应此类课堂的孩子们，未来也很容易适应流水线车间。他们早就懂得，只有下班（下课）铃声响起，才可以要求吃东西、喝水或去上厕所。

评价性的环境也是课堂生活的一大特点。这里的评价既包含正式的纸笔测验，也包含教师的大量非正式评价。当教师满含怜惜地看着一个疲惫的"好孩子"，心想"这孩子昨晚指不定学到多晚"时，就是在做评价。同样，当这位教师一脸不耐烦地看着一个同样疲惫的"坏孩子"时，也是在做类似形式的评价："看，这家伙！晚上不睡觉，光知道玩。"教师对学生的评价是可以不说出来的，一个眼神就足够了。奇妙的是，教师的这种评价很容易被学生捕捉到。一位教师在课堂上挖苦某个"坏孩子"，然后全班爆出一阵哄堂大笑，这就表明学生们准确捕捉到了教师对某个同学的评价。与此同时，同学们的笑声，构成了教室中的另一种评价，也就是学生们彼此之间进行的评价。小学低段的生活之所以重要，就是因为很多孩子在这期间就已经建立起了自己的公众形象。同学们都知道班上谁是"坏孩子"，不管教师是用"差生""学困生"还是"后进生"这样富有语言艺术的词汇来称呼他。最后，更关键的一点是，所有这些评价都终将叠加到学生个人身上，形成无法逃避的、弥漫的评价性环境的巅峰——学生即使一个人待着，也会根据学校标准来评价自己。总之，评价是弥漫在教室当中的，不仅仅体现为考试分数和教室墙壁上张贴的多寡不一的"红苹果"或"绿苹果"。

杰克逊提到的课堂生活的第三项特征是不平等的权力关系。无论教师怎么掩饰,学生都能清晰感受到教室当中的惩罚机制。他们一早就懂得,只要不按照教师期待的方式行事,这种惩罚机制就会立刻触发。从学生进入校园的第一天开始,他们就在学习如何满足他人的意愿。那些一心只想满足自己意愿的小孩子,少不了要吃苦头。因此,无论教师在说"请你跟我这样做",还是在说"不准!""住手!",都在体现一种不平等的权力关系。一位严厉的教师可能会在最大程度上实现对学生课堂生活每一分、每一秒的精细管理。以至于课堂成了欧文·戈夫曼(Erving Goffman)在《禁闭所》(Asylums)中所写的全控机构(寄宿制学校与监狱、精神病院一道,都被归入此类)。[①] 但是,不要忘记,即使在最一般的课堂当中,甚至在那些号称要进行民主管理的课堂当中,课堂生活中的权力运用机制也同样精细和彻底。

对于杰克逊有关课堂生活中的不平等权力关系的论述,还可以基于我国小学课堂生活的特点做一点发展——由于班队干部的存在,小学课堂的权力运用出现了复杂的代理人机制。在一间小学一年级教室里,每次做眼保健操,教师都会安排三个孩子站到讲台

---

① Erving Goffman,*Asylums：Essays on the Social Situation of Mental Patients and Other Inmates*,Garden City,Doubleday,1961. 已出版的中译本为高夫曼:《精神病院:论精神病患与其他被收容者的社会处境》,群学翻译工作室译,台北,群学出版有限公司,2012;此处翻译为《禁闭所》。

上。其中，一个孩子负责示范正确的做法，一个孩子负责记录加减分，一个孩子负责监督台下的各位同学。可以看到，这三份工作都是孩子们乐意做的。他们因为教师的授权，可以在眼保健操这个时段内不在座位上做操。另外，在这三份工作当中，孩子们最中意的是监督岗，三个孩子抢着做这活儿。那个抻直手臂，指着自己同学，一脸严肃认真，大声嚷嚷着"某某某扣一分"的小朋友，已经初步品尝到了权力的滋味。我的学生在实习时有孩子告诉她："老师，你可以罚他们抄课文。"看，小学生对待自己的"同志们"是多么冷漠无情啊！这就是权力授权。我们几乎每个人都有过这样的观察，那个被教师指定去办公室搬本子、拿水杯的同学，常常是高昂着头、扬扬得意地走出门的。他们丝毫不觉得自己是在被人指使着干活，而是觉得自己在那一刻得到了某个权力中枢的授权，感到莫大的荣光。

我的宝宝现年七岁，读小学二年级。她近来起床越来越早。前一天可能是六点半起床，第二天就想六点十五起床，而原本七点十分起床也完全来得及。为什么她想要这么早起来呢？原来，她想赶在所有同学之前来到教室，这样她就有机会去班主任那里取教室钥匙开门了。她说老师的办公室好可怕，因为有很多老师在，进去要喊"报告"。在她心目中，那是一个多么神秘的地方啊！那里隐隐散发着权力的气息，每一次进入都是得到某种授权，每一次进入都是对权力中枢的窥探。我听说一个一年级小孩儿，每天都要设法去教师办公室晃荡几圈。在他小小的脑袋里，已经种下权力上瘾症的种子，并且已经开始探索获取权力的门道了。

杰克逊对于课堂生活特点的上述分析（以及我的补充），最终强调的是这些课堂生活特点对于学生的影响。概括来说，没有一所学校会声称，家长送孩子来上学是为了学习隐忍和排队，是为了迎合别人的喜好，是为了学习权术。当然，我相信教师也没有说谎——在读到杰克逊的《课堂生活》以前，他们多半不会这样想问题。因此，当我祝贺北京师范大学的大一新生，祝贺他们在一场为期十多年的耐力竞赛当中获胜，可以十数年如一日按部就班地按着既定秩序稳步前进的时候，并不是在挖苦一个个具体的教师和学生，而是在表达对制度化的学校生活特点的判断。杰克逊说，"耐心"是学校生活要鼓励的一种"美德"。显然，这种"美德"落在了我们通常关注的学习范围以外，这种学习不会因为任何人的意志发生转移。《课堂生活》中有关"隐形课程"的内容，实际上正是在谈论这种不可控的学习。"教育进步的路径更像是蝴蝶的飞行轨迹，而不是子弹的路径。"①这句话道出了人类学习的真谛。

二

在1992年出版的《不言之教》（*Untaught Lessons*）当中，杰克逊把自己对于学习的讨论往前推进了一大步。在《课堂生活》当中，杰

---

① 本书正文第208页。

克逊并未明确表明观察者的时空定位和观察者在观察中的作用。譬如，"隐形课程"到底是即时的观察结论，是延后一些时日的观察结论，还是在多年以后的观察结论？"隐形课程"是一种可观察的外显行为表现，是一种研究者信誓旦旦的旁证，还是仅仅采集了学习者的主观报告？这些未解答的问题在《不言之教》当中都得到了详尽程度不一的回答。与《课堂生活》不同，《不言之教》更加中正平和，更少批判色彩。这本书的回答进一步表明了学习是不可控的。

在《不言之教》当中，杰克逊描述了这样一种常见的现象：每个人在孩提时代，都可能幻想过逃离学校；长大成人以后，又有不少人会去重新回顾自己的学校生活。当人们回首往事时，过去的一切似乎都蒙上了一层浪漫的色彩。过去的那些经历有机会得到重新定义。曾经被认为重要的那年、那人、那事，现在很可能都不再重要了。而且，所谓重新定义也不仅仅涉及对已经取得的"学习"在重要性次序上的重新安排，它还有更加丰富的内容，有时候甚至会涌现出某些新的东西。在回顾学校生活时，我们谈论的学习变得如此复杂。有时候，我们以为自己学到了什么，而这种学习很可能并非得自老师(至少不在老师当年的日程表上)，很可能只是我们自己的想象。有时候，我们觉得自己突然懂得了老师当日的用心。换句话说，随着时间的推移，我们的学习不只在数量和程度上有所增减，而且学习的内容甚至方向都可能发生质性的转变。更多的时候，如果我们知道自己对于老师教的东西的理解与别人不一样，我们丝毫不会觉得诧异。这是一个常识，不是吗？这个常识告诉我们，教师根本无法控制他的学生们会从他那里学到什么。在所有这几种情况当中，教师的教和学生的学都不能一一匹配：第一种情况可以称作"所学非所教"，第二种情况可以称作"变动的学习"，第三种情况可以称作"一教多学"。除此之外，还有一些并不罕见的情况，会让我们对学习的观察变得更加复杂：有时候，学习者确实受到了教师的影响，但学习者本人并不承认；在另外一些时候，学习者确实受到了教师的影响，但学习者本人并不自知。在所有各类现象当中，最常见的恐怕就是"此情可待成追忆，只是当时已惘然"了。用杰克逊的话来说，关于事情对人的影响是如何实现的，他的认知总会"慢一拍"（belatedly）①——他总要在事后才能了解某人、某事在自己身上打下的烙印。

那么，指出上述所有这些现象到底意味着什么呢？它们不都是司空见惯的事情吗？的确，它们是很常见的。并且，正因为这种熟悉感，这些现象一经指出就会很快滑向意识的边缘，被弃之不顾。杰克逊的穿透力就在于，他总能够对一些平凡的事情做出不平凡的解读，一如在《课堂生活》中所做的那样。

第一，"遥距观察"视角下的学习。我们要意识到，杰克逊对于上述现象的观察采取了一种不同于教育测量学的视角。"时隔多年"，凡事就都会变得不一样。这成为和课堂当中的即时评价（"堂堂清"之类的当堂检测）十分不同的一种观察学生学习的方案。换句

---

① Philip W. Jackson, *Untaught Lessons*，New York，Teachers College Press，1992，p. 5.

话说，只要我们坚持对学习进行"近距观察"，上述这些复杂的学习现象就不会进入观察的范围。我们就仍旧有可能把教师的角色理解为"管道"，把他们的工作方式理解为"忠实取向"（fidelity perspective）的课程实施，并且深信这个过程越准确越好、越高效越好［想一想所谓的"防教师课程"（teacher-proof curriculum）①］。届时，各种教师的教和学生的学之间的不一致，都会被定义为有待克服的"问题"。而为了衡量这种"问题"的严重性，"可测量"的学习表现（甚至是"标准化的"可测量的学习表现），就成为唯一值得被关注的东西了。这和上述有关学习的描述是多么不和谐啊！一旦把对学习的观察点放到更遥远的时空，关于学生到底"学到了什么"的回答，马上就会变得扑朔迷离起来。很多时候，那些标准化测验能够捕捉到的东西，在事后都变得不再重要。这些东西很可能会变成记忆深处的灰色布景，它们很少再有机会得到聚光灯的关照。反而是上述那些经由"遥距观察"才能出场的学习，才会在多年以后仍旧盘桓在学习者的心头。

第二，学习者处在定义学习的特殊位置。杰克逊用两个概念来定义学习者在学习问题上做出贡献的方式：第一个概念是"玩味"（pondering），第二个概念是"反刍"（rumination）②。杰克逊并且说

① F. Michael Connelly and Miriam Ben-Peretz, "Teachers' Roles in the Using and Doing of Research and Curriculum Development," *Journal of Curriculum Studies*，1980（2），pp. 95-107.

② Philip W. Jackson, *Untaught Lessons*，New York，Teachers College Press，1992，p. 15.

这是同一个过程的两个不同的名字。利用"玩味"或"反刍"这两个意象，我们可以很容易说明"我"在让"学习"成为现实这件事情上做出的贡献。在"学到了什么"这件事上，正是由于我的"搜寻"（searching）才让学习成为现实。当我说，我"意识到"（realize）自己"学到了"的时候，正是我的"搜寻"让我"意识到"自己"学到了"。"搜寻"让学习成为现实。反过来，如果没有"搜寻"，没有"意识到"这个在先的事件，也就不能说我"学到了"。用更富有挑战性的话来说，正是由于我在找，结果才会有它；而并非先有它，然后才允许我去找。换句话说，如果我放弃了"搜寻"，那么它（亦即学习）也就真的不会是事实了。这是和教育测量学多么不一样的假设啊！我们是靠着这种"搜寻"，不断"玩味""反刍"过去发生的事。[1] 学习不再是一个确定的、等待被观测的实验台上的物件，而是一个仍旧未完成的事件。

第三，主观证据被接受为可靠证据。在研究学习问题时，诸如"循证教育"（evidence-based education）这样的范式青睐的是可观察的外显行为表现。无论是在纸笔测验中的表现，还是在表现性评价等非纸笔测验中的表现，都要求是可观察的。但是，杰克逊的工作提醒我们去关注一种"非现场数据"（secondhand data）[2]。这种非现场数据可能是一个普通人对于老师的回忆，也可能是一个艺术家对

---

[1] Philip W. Jackson，*Untaught Lessons*，New York，Teachers College Press，1992，p. 93.

[2] 同上，p. xiii。

于上学经历的表现。杰克逊说，这样的"数据"与那些现场的基于可观测性得到的"数据"一样，都是在研究学习时值得关注的东西。"非现场数据"以及上述有关学习者的概念告诉我们，在回答"学到了什么"这个问题上，以"我以为……"这类语句开头的主观证据恰恰是最可靠的证据。其实，这类主观证据不单单最可靠，而且简直可以说是比所谓"客观"证据还要更加合法的一类证据。比如，在学习一事上，我们无法用"客观"证据去否定一个人的主观报告。只要那个人以为自己学到了某一点，那么其他任何试图否定这一点的客观证据就都是苍白的。在"学到了什么"这件事情上，谁也无法否定学习者的主观报告。

在《不言之教》中，杰克逊对各种不可控的学习给出了自己的分析。正是基于上述这些对于学习的理解，杰克逊会说"复杂性位于教学的核心"。他在这里说的"复杂性"，不是指事务繁杂那种意义上的复杂性，因为那种复杂性从本质上说还有可能被化约。杰克逊所说的"复杂性"，是本质上无法被化约的那一类事务的属性。这个道理很简单：一个学生安静地坐在那边，眼睛盯着天花板，他到底在干什么？一旦我们试图对个别人做这一类判断，我们马上就会体验到自己的无能为力。可是，在学习问题上，我们竟然期望对更大量的人群做出"客观"、可信的判断。这不是一件咄咄怪事吗？实际上，杰克逊在《不言之教》中的基本思想早有预兆。在1968年出版的《教师与机器》(*The Teacher and the Machine*)当中，杰克逊就写道："如果我们真想要评价课堂生活的影响，那么前测与后测的恰当间隔不应该是寥寥几个星期或一个学期，而至少应该是人生的四分之一。"①这句话表达的意思正是在多年以后他要详细展开的东西：一旦使用"遥距观察"的视角，循证教育的那种对测量的迷信就马上变得荒诞起来。在同一本书中，杰克逊还写道："现在和过去一样，对人类福祉最严重的威胁不是这样那样的机器，而是那些欢呼和支持在人类事务上使用机械办法的人……对我们这个时代最严重的挑战，不是如何设计出更像人一样的机器，而是如何保护人，让人不被像机器那样对待。"②如果我们把杰克逊评论"程序教学"时的这段话与他后期关于学习的理论联系起来看，那么把本质上不可控的学习化约为各种测验工具可以捕捉到的东西，可能就是在学习问题上我们要面对的最严峻的挑战了吧。

三

我认识杰克逊的学习哲学，进而开始食髓知味、想要为他做一点什么，也同样经历了一个过程。用杰克逊的话来说，这种学习实际上也是"慢一拍"的。我最初接触杰克逊的作品是在写硕士论文的时候。因为要准备约翰·I. 古德莱德（John I. Goodlad）等人关于五

---

① Philip W. Jackson, *The Teacher and Machine*, Pittsburgh, University of Pittsburgh Press, 1968, p. 65.

② 同上，p. 66。

级课程领域的相关文献①，我查阅了乔恩·施耐德等人（Jon Snyder，Frances Bolin and Karen Zumwalt）撰写的《课程实施》②的条目。我当时的印象是：杰克逊主编的《课程研究手册》（*Handbook of Research on Curriculum*，1992）很厉害，质量位居各版之冠。

转年以后，我在香港中文大学崇基图书馆遇到了《课堂生活》的英文本，这本书让我真正开始爱上杰克逊的作品。（很可惜，内地各大高校图书馆几乎都没有这本书。要知道，"隐形课程"是几乎所有中文教育学教科书、课程与教学教科书都会提到的概念。藏书状况和这本书的重要性高度不匹配。）杰克逊在哥伦比亚大学读博时所受的训练是心理学方面的，他学术生涯的第一本书是和同事雅各布·W. 格策尔斯（Jacob W. Getzels）合著的《创造力与智力》（*Creativity and Intelligence*，1962）。按照杰克逊自己的说法，"从各种常见的标准来看，我们的课题都是成功的"。但是，他很快就对自己的职业前景感到担忧了，他隐隐感觉到这份职业会让自己远离研究对象。尽管有各种量表、问卷提供的数字，但他仍旧觉得自己并不真正了解学生。1962年，他在斯坦福大学"行为科学高级研究中心"结识了一些研究山地大猩猩的动物学者。他发现，这些动物学

---

① John I. Goodlad，M. Frances Klein，and Kenneth A. Tye，"The Domains of Curriculum Their Study，"in John. I. Goodlad，*Curriculum Inquiry：The Study of Curriculum Practice*，New York，McGraw Hill，1979，pp. 43-76.

② Jon Snyder，Frances Bolin，and Karen Zumwalt，"Curriculum Implementation，"in Philip W. Jackson. *Handbook of Research on Curriculum*，New York，Macmillan，pp. 402-435.

者才是真正了解自己研究对象的人。这些野生动物研究者们会长时间追踪大猩猩种群，了解它们的每一个生活细节，以至于可以根据猩猩粪便的温度去判断大猩猩是否远去，以至于乐意在大猩猩睡觉时仔细聆听它们打嗝、放屁的声音。总之，与这些人相比，杰克逊感觉自己过去的研究工作实在是逊透了，似乎只是在动物园里研究野生动物：把野生动物关在笼子里，用棒子戳一戳，看看它们会有什么反应，然后信誓旦旦地说自己懂了。

野生动物研究者们的方法和杰克逊自己使用的问卷法之间的对比是如此强烈，以至于他从此放弃了过去使用的那一套研究方法。他决定亲自到教室里去，在教室里研究学生，而不是躲在问卷、量表后面，这才有了《课堂生活》这本书。杰克逊在该书1990年版的"再版序言"里详细记述了这段故事：从那时起，杰克逊彻底放弃了过去得自心理学训练、已经娴熟驾驭的那些方法，开始学习用人类学家的眼光来观察课堂。可是，等到他真在教室里待上一段时间以后，很快就发现自己忍不住要打盹。因为课堂生活总是日复一日、年复一年的重复，并且又总是那么琐碎，太容易让人心生厌倦了。聪明的杰克逊没有去打盹或干脆离开，而是开始思考这些反反复复、让他一度感到琐碎乏味的东西是不是真的没有意义。要知道，这才是占据了学生学校生活绝大部分时间的内容啊！他的工作成果，我们今天已经可以看到了。《课堂生活》的第一章对他的观察和思考做了精彩的报告。

杰克逊的职业生涯包含很多转折。[1] 他做过一段时间中小学教师，在杜威创办的芝加哥大学实验学校服务近十年，当过芝加哥大学教育学院院长并两度在自己任上关闭了这个学院。他在教育研究者群体中的声望主要集中在课程领域（1992 年那本《课程研究手册》是一部典范性作品），当过"美国教育研究协会"（AERA）主席以及"杜威协会"主席。正如他在年近四十岁时放弃心理学研究范式一样，他在课程领域的卓越声望也并不意味着他就只是一位课程学者。按照他的学生勒内·阿西利亚（René Arcilla）的说法，杰克逊还是"一个从未和朋友圈分享过自己教育哲学的教育哲学家"[2]。杰克逊晚年出版的最后一本书题为《什么是教育》，在其中他提到了在芝加哥大学实验学校办公室里发现雅各布·爱泼斯坦（Jacob Epsteins）创作的杜威半身像时的喜悦。（在哥伦比亚大学师范学院的走廊上，矗立着一座完全相同的半身像。这是杜威 70 岁生日的礼物。）更多人不了解的是，杰克逊曾在芝加哥大学组织过杜威著作讨论会。[3] 令他声名鹊起的"隐形课程"概念，实际上也受益于杜威的

---

① Craig A. Cunningham，"Beyond Poking the Chimp with a Stick：A Tribute to Philip W. Jackson（1928－2015），" http：//www. johndeweysociety. org/wp-content/up-loads/2015/08/A-Tribute-to-Philip-W-Jackson-by-Craig-Cunningham. pdf，2015.

② René V. Arcilla，"Jackson's Pedagogy for Existential Learning," in David T. Hansen，Mary Erina Driscoll，and René V. Arcilla，*A Life in Classroom：Philip W. Jackson and the Practice of Education*，New York，Teachers College Press，2007，pp. 70-76.

③ Philip W. Jackson，*What is Education*？Chicago，The University of Chicago Press，2012，p. x.

"附带学习"(collateral learning)概念。[1]

　　总而言之，杰克逊是一位能在自己面前保持诚实的学者。我将这称为赤子之心。在卢梭、尼采等人身上，我们都可以看到这样的诚实。杰克逊不会因为各种现实考虑，去限制自己的好奇心。他要满足自己的头脑，而不只是自己的肚腹，所以他才会数次突破边界，去做自己想做的事。杰克逊职业生涯的历次重新选择，恰恰验证了他自己的学习理论——当年勤勉学习的东西，在多年以后会被怀疑甚至抛弃；而当年曾经不屑一顾的东西，事后却被证明是真正打动了自己的。我曾请教哥伦比亚大学的大卫·韩森(David Hansen)教授[2]：为什么杰克逊没有系统整理自己一生的工作，把自己的教育哲学写下来？要知道，杰克逊的作品的确包含某种一以贯之而又愈加精细化的对于学习的理解。在问这个问题时，我们正坐在韩森教授家楼下的花园里。他指着庭院中的花花草草说，杰克逊这一生就像是徜徉在一片美丽的花园当中。眼前有那么多可爱的东西，谁还有闲情去回顾过去的东西呢？我觉得，这不是韩森对于自家老师的溢美之词，杰克逊的一生就是这样度过的。

---

　　① 杜威在《经验与教育》中提到了"附带学习"概念："有一种意见认为，一个人所学习的仅是他当时正在学习的特定的东西，这也许是所有教育学中最大的错误了。关于形成忍耐的态度、喜欢和不喜欢等的附带的学习，比之拼音、地理或历史课的学习可能而且往往是更为重要的。因为这些态度对于未来的价值，是更为根本的。"(杜威：《我们怎样思维·经验与教育》，姜文闵译，271 页，北京，人民教育出版社，1991。)

　　② 韩森最初是杰克逊的研究助手，后来跟随他读博士，两人共处近 40 年。杰克逊和韩森是类似孔子和他的那些能服其劳的贤人弟子们之间的关系。

出于对《课堂生活》的喜爱，我在 2011 年前后先后向教育科学出版社、华东师范大学出版社推荐过这本书，希望他们能把这本书引进回来。但是，版权部门反馈说，这本书的版权曾授权给台湾某家出版社，现在处于版权遗失状态，无法引进。没有办法，我只得把自己最喜爱的第一章(在其中，杰克逊提出了"隐形课程"概念)、第五章(在其中，杰克逊讨论了"质性研究方法")译出来，在课上分发给学生。不久以后，我在古德莱德的《学校的职能》一书附录的广告中看到，桂冠图书计划翻译此书，将收录在"教师专业系列"当中。① 可是，不知道什么原因，桂冠图书最终并未出版这本书。2015 年 7 月 21 日，杰克逊在家中平静地过世了。我更加失望，因为再也无法请他就这本书给中国教师写一点什么了。直到大约 2017 年，我偶然得知这本书真的出版过台译本——文景书局在 2005 年出版了这书的繁体中文版，书名译作《教室生涯》。可惜的是，当时诚品书店已经没有这本书在售了。于是，我写信给文景书局，他们回复说还有点库存，可以去买。现在我手头的《教室生涯》就是这样得来的。② 我终于得到了一个名正言顺的中文版，可以用来向别人推荐这本书了。

2018 年我在美国哥伦比亚大学师范学院访学，在这期间又想起这本书。在师范学院梅根·莱弗蒂(Megan Laverty)教授的帮助下，我联系到了师范学院出版社负责版权事务的克里斯蒂娜·布赖

① 古德莱德：《学校的职能》，沈剑平译，台北，桂冠图书股份有限公司，1999。
② 杰克逊：《教室生涯》，解志强等译，台北，文景书局，2005。

尼克(Christina Brianik)女士，跟她申明中国教师队伍规模之巨大（各类教师总数愈两千万）以及这本书人人必读之属性，结果这本书终于可以重新授权了。北京师范大学出版社周益群女士帮我买回了版权，又用心克服了出版过程中的各种麻烦，让这本书最终能够和读者见面。我很荣幸可以当这本书的简体中文译本的译者，有机会把自己的名字和杰克逊的名字永远印在一起。

四

和最初对《课堂生活》的印象不一样，我现在不再把"隐形课程"这个概念看得多么重要，甚至不觉得这个概念用得有多么妥帖。我开始认为《课堂生活》以及《教师与机器》《不言之教》等书根本就是在谈学习，杰克逊对课堂中发生的学习给出了一种近乎常识的刻画。概括来说，"不可控的学习"强调了实际发生的学习与可观测的学习之间的巨大鸿沟。这种鸿沟不是源于落后技术的、等待缩小的对象，而是学习的本性所致。如果真正接受"不可控的学习"，那么要做的工作就不是设法改进测量技术，而是要求重新定义学习。杰克逊的学习哲学，代表了一种与"循证教育"相冲突的对于人类学习的理解，可以用来校正各种因为科学的僭越而被扭曲的认识。

举例来说，与杰克逊的学习哲学相比，当前被热烈讨论的"核心素养"概念就是更加保守的。"核心素养"概念先是迈出了一大步，而后又很快退缩了回来。之所以说它"迈出了一大步"，是因为在

"核心素养"的议论当中，的确放弃了"课程"时代那种"临行密密缝，意恐迟迟归"的"为成年生活做准备"的思路①，认识到了学校教育无法为那些尚未出现的行业和生活方式做准备。学校教育所能做的，被限定为在一些"核心素养"（或译作"关键能力""共通能力"）上培养学习者本人。"核心素养"的议论和"课程"的议论之间的差异是明显的，这种差异体现了"核心素养"这个概念的伟大之处：放弃事无巨细的在具体学识上的筹备，致力于通过一个又一个的学习经验，让学习者本人成长为合格的学习者（或新式的有教养的人）。对于合格的学习者来说，无论社会生活如何变动，他们都有能力跟进甚至站在前沿领跑。之所以说"核心素养"的议论"退缩了回来"，是因为它仍旧寄希望于测量和控制那套模式。其实，当人们说这样那样的"核心素养"时，就自动带上了杰克逊的那种"遥距观察"的视角，因为谁敢说某种"核心素养"在朝夕之间就能有所建树呢？可惜的是，"核心素养"的支持者虽然看到了对于学习进行"遥距观察"的必要性，但没有意识到学习的不可控性。因此，可以说"核心素养"的支持者，真正在意的仍旧只是一些有外在行为表征、可以测量的东西。在突破"课程"上取得的成就，到了这里被破坏殆尽。

----

① 从约翰·F. 博比特（John F. Bobbitt）和拉尔夫·W. 泰勒（Ralph W. Tyler）的课程开发模式中，可以清晰感受到这种色彩。例如，博比特的"活动分析"是以搭建乐高模型的思路来为儿童未来的成人生活做准备。每一个学科的每一个知识点似乎都是一个乐高模块。等持续十数年的建设工程完毕时，各个模块正好搭建完毕，一个合格的公民就培养好了。这是一种古旧的管理学理论，也就是弗雷德里克·W. 泰罗（Frederick W. Taylor）的科学管理理论在教育上的影响和延续。［丁道勇：《为成年生活做准备：博比特的课程学主题及其现实意义》，载《教育发展研究》，2018(18)。］

人类渴望实现对学习的控制，期待有一天能够以适当的手段有效实现自己划定的学习。但是，杰克逊的工作则表明，学习在骨子里是不可控的。汉娜·阿伦特（Hannah Arendt）关于"教育危机"以及教师"双重责任"的论述①，玛克辛·格林（Maxine Greene）的"释放想象""风景"等概念②，格特·比斯塔（Gert Biesta）的"教育之弱""中断教学法"概念③，我个人抱有很大期待但至今仍未著成的与"境界"有关的东西，都与杰克逊的学习哲学同气连声。所有这些理论工作表达的理解，早就被杰克逊以一种朴实的口吻描述出来了。我一直相信，马丁·海德格尔（Martin Heidegger）的努力，代表了二十世纪后半期的一大哲学转向，亦即对于西方形上学传统的整体反叛，连带着包括对于科学和理论的反叛④。在这个时代，人们对任何单一宏大叙述都抱有怀疑，多视角的诠释才是更受欢迎的。杰克逊的学习哲学及其引领的质性研究方法，与整个时代的哲学转向是

① 阿伦特：《教育的危机》，见《过去与未来之间》，王寅丽、张立立译，163～182页，杭州，译林出版社，2011。

② 格林：《学习的风景》，史林译，北京，北京师范大学出版社，2016；格林：《释放想象》，郭芳译，北京，北京师范大学出版社，2017。

③ 比斯塔：《教育的美丽风险》，赵康译，北京，北京师范大学出版社，2018；比斯塔：《测量时代的好教育》，张立平、韩亚菲译，北京，北京师范大学出版社，2019；比斯塔：《超越人本主义教育：与他者共存》，杨超、冯娜译，北京，北京师范大学出版社，2020。

④ 德雷福斯对于海德格尔引领的哲学转向有一段清晰的概括："通过用关乎我们是何种存在者和我们的存在如何紧密关联于世界之可理解性的存在论问题，取代关乎认知者与被认知者的关系的认识论问题，海德格尔与胡塞尔和笛卡尔的传统决裂了。"（德雷福斯：《在世：评海德格尔的存在与时间第一篇》，朱松峰译，3页，杭州，浙江大学出版社，2018。）

一致的。

问题是，阅读《课堂生活》乃至了解杰克逊的学习哲学，对于教师又有什么好处呢？要知道，教育哲学与教育科学的冲突是由来已久的事了。

第一，动摇教师对于教育测量的信心。怀疑造就思考。撼动教师对于教育测量尤其是标准化纸笔测验的信心，是当前最困难也最重要的任务之一。通过展示在光鲜的外表下，学生们在课堂生活中获得了何种不可控的学习，杰克逊提供了有关测量限度的直接证据。这些证据统统落在教育测验的能力范围以外。

第二，唤起教师对于"好教育"的责任。"好教育"不等于教育测量指示的"高质量教育"。教师对于"好教育"的持续追问以及矢志不渝的追求，是获得这种"好教育"的真正保障。各种基于监测的对于"高质量教育"的追求，反而容易让教师工作堕入绩效主义。不可控、不可测并不意味着不重要。那些骨子里无法检测的追求，通过影响教师本人，对教育过程发生了真切的影响。

当我们放弃控制的幻想，学习的不可控性就马上变得可爱许多。拒绝信息的堆砌，始终关注学生个人对于意义的"搜寻"，这将是那些热爱杰克逊的读者们的特点。实际上，由《课堂生活》开启的这种学习哲学对于每位读者到底意味着什么，本身就是一个有待于人们亲自"搜寻"答案的问题。

/ 再版序言 /

我过去讲过一个故事，可以用来介绍这本书的来历。这个故事值得原原本本地记录下来，因为它能帮我们把这本书放回它所处的年代，同时也可以透露本书要追求的一些东西。

这个故事发生在我学术生涯的早期。当时，我开始越来越不满意自己的工作方向，越来越不满意我学习的教育心理学专业。那是在（二十世纪）五十年代末六十年代初，当时的教育心理学家主要都是测验人员，而不是真实世界的观察者。即使他们曾经观察过什么东西，那也一定会用到码表和精心设计的观察时间表。照我受到的训练来看，那时期的基本研究模式就是给一大堆人（通常是学生）做一大堆测验，然后找出谁和谁相关。当然，事情实际上要比这复杂得多：有需要接受检验的假设、等待建构的理论、需要控制或随机化的变量，有数据需要做统计处理，包括因子分析甚至是在当时刚刚开始发展的多变量分析技术。但是，核心的研究工具、人们感兴趣的措施，主要还是这样那样的纸笔测验。

基于这个框架，同事格策尔斯和我对芝加哥大学实验学校的高年级学生(六到十二年级)进行了一项在当时算比较大型的研究。样本中的每一名学生都接受了超过二十三个小时的测验，前后持续数月。这些学生接受了包括人格、学校态度、兴趣、价值观、智力、创造力、道德发展等方面的测验。最终，我们从每名学生身上得到了接近一百条数据。作为研究者，我们的任务就是去解读这一大堆数据。

鉴于这项课题的规模，我们自然会配备几名助手来协助完成各种测验。他们会给每一份原件打分，然后把这些分值投入运算。这就得到了格策尔斯和我随后集中精力阅读并且用于写作的那些研究发现。换句话说，当我们看到数据时，它们距离收集数据时的"原始"状态已经有数步之遥了。当然，即便我们俩想要加入数据收集过程，除了满屋子忙着答题的学生之外，我们也不会看到别的什么东西。为了保护答题者的隐私，我们还必须用数字来替代真实姓名。因此，当测验完成以后，如果不拿这个数字到一个保密的编码本上去查，那就根本没有谁能够认出来这份原件是属于萨莉·史密斯(Sally Smith)还是比利·布朗(Billy Brown)。就我们的研究目标而言，每位答题者的身份是完全无关紧要的，完成这些测验的课堂环境也同样如此。

从各种常见标准来看，我们的课题都是成功的。它得到了许多有趣的发现，这些发现得以发表并且受到了广泛关注。可是，就在我开始扮演一名成功研究者的角色时，我也开始对自己的职业前景感到不安。就像已经完成的这项课题那样，这份职业看起来会让我远离日常生活现象。

就在那时，也就是1962年的秋天，我有幸在"行为科学高级研究中心"待了一年。在那里，我偶尔参加了由一群社会人类学家举办的研讨会。他们研究的是灵长类动物的社会行为。对我来说，这段经历相当有启发。

研讨会的大多数参与者刚从野外工作站回来，他们在动物的自然栖息地研究这样那样的灵长类动物。那一年，乔治·沙勒（George Schaller）写出了对于山地大猩猩的研究。与他类似，一些研究者已经在野外工作了很多年。在中心进行的这场为期一年的聚会，主要目标就是比较有关这些动物的知识。作为局外人，让我感兴趣的一件事情是，动物在野外的表现与在圈养中的行为有什么不同。其中一些差异相当戏剧化，田野研究的结果几乎完全颠覆了已有的认识。这些已有的被作为定论的认识，根据的是在动物园或实验室内完成的研究。在那里，动物们得到了密切的观察，但都是在人工条件下完成的。显然，一些在野外非常合群的动物，在圈养时却变得非常孤独。另外一些在笼子里挤作一团的动物们，在原生环境下却往往是在孤独地漫步。

在坐下来听这些报告时，我开始意识到自己熟知的那些工具，也就是这样那样的纸笔测验，是为答题者创造了一种人工环境。这种人工环境就好像是一个个小笼子，答题者坐在里面，研究者使用一个又一个问题，强迫他们回答是不是喜欢。其实，大多数人看起来并不介意这种冒犯，不过这丝毫不能改变这种研究的人工性。一只被囚禁的动物被用不同的棍子戳来戳去，这样的景象开始萦绕在我眼前。我不禁开始怀疑，我通常的那些研究对象，也就是不同年龄的学生们，在实际中会是怎样的？我指的不是在街上或在家里的年轻人，而是指作为学生的他们。这时候，他们的自然栖息地就是有走廊、有教室的学校。

我当然知道，学校也可以被视为一种人工环境。事实上，那时才刚刚开始流行用这种方式来看待学校。所谓"浪漫派的批评家"和"去学校化的倡导者"还没有登场，只是已经有了一些征兆。不过，我想学校的人工属性，丝毫不比家庭、教堂、工厂或任何别的人造环境来得更加显著。事实上，由于学校在发达工业社会几乎无处不在，它反而成为世界上一大部分人口最自然、最司空见惯的环境。

在研讨会上做这些思考的同时，我也开始注意到人类学家群体是多么富有生气。他们热爱自己的工作，并且渴望继续从事这份工作。这种热情与我形成了鲜明的对比。当我想到终此一生都得扮演一堆测试数据的解读者的时候，情况尤其如此。

大约就是在此期间，我在中心办公室的布告板上钉了几句诗。我现在已经不记得是怎么碰到它的了，只知道它当时一下子就打动了我，让我牢记于心。这是布莱克的诗《嘲笑吧！嘲笑吧！伏尔泰、卢梭》中的一个片段。

德谟克利特的原子

和牛顿的光粒子

宛如红海岸边的沙

以色列人的营帐在那里闪耀光芒

这几句诗告诉我，与人类的创造和自然界的奇观相比，科学发现只不过是苍白的抽象。以色列人的破烂营帐伫立在海风吹拂的红海岸边，这一景象用形象的方式表达了我要追求的东西。我觉得，其中一种方式就是像人类学家那样去工作。不是去研究远方的文化或奇异的生物，而是去访问普通的教室，并把它们当作远方的文化，认为在那里也充满了奇异的生物。

事实上，我当时对于人类学这个学科真可算是一无所知。在读大学和研究生期间，我从来没有学习过这个学科。我读过的人类学作品，只是玛格丽特·米德（Margaret Mead）的书以及露丝·本尼迪克特（Ruth Benedict）的两三篇文章。当我想在教室里像一名人类学家那样开展工作时，我真正想到的只是坐在教室后面（用人类学术语来说，这里是边缘地带）看看在发生什么，然后尽量不要用我的出现来污染那种"文化"。我不知道要找什么，也不知道怎么去找。我相信，只要我去那里，这些就都会自然而然地发生。

我也预期自己最终会用到许多不同的研究方法。这个想法部分来自研讨会，但主要来自乔治·沙勒的那本漂亮的《山地大猩猩》①。沙勒的研究最打动我的地方，是他把自己完全奉献给了这个选定物种。他会长途追踪它们，绘制它们的觅食范围，在树梢给它们画素

———————————

① George Schaller，*The Mountain Gorilla*：*Ecology and Behavior*，Chicago，University of Chicago Press，1963.

描，解剖它们的尸体，对它们的食物做化学分析。无论需要做什么，他都会学着去做。他甚至会在大猩猩睡觉时聆听它们打嗝、放屁的小动静，甚至学会了如何通过粪便温度来估计大猩猩和自己的距离——要知道，在茂密的草原你只能看清眼前一两步的范围，误闯进沉睡的猩猩种群是相当危险的。简而言之，沙勒就像一把瑞士军刀，能够做任何有助于理解山地大猩猩的事。

沙勒在方法上的多样性，与我之前依靠的测试和问卷的对比实在太过强烈。我发誓要在自己的工作中尽可能模仿他。这并不意味着完全放弃测试和问卷，但的确意味着要比过去更加谨慎地使用它们。这同样意味着，与之前的做法相比，我要更多依靠自己真正看到和听到的东西。

问题就在于看什么、听什么。在研究一种远方文化或一种奇异生物时这完全不成问题，因为那时有太多让人感觉新奇的东西可以看、可以听了。但是，身处自己的文化当中，能以这种方式吸引眼球的东西就少得多了。这就是那些留在本国的人类学家乐意研究社会边缘人群的缘故，比如，街头帮派或狂欢节上的"怪物"。无论如何，我发现要注视那些司空见惯的东西是相当有挑战的。这不是因为没有什么东西可看。事情恰恰相反，一旦我适应了一个人群的特点(这通常要不了多长时间)，我就好像已经看到所有可看的东西了。而且，我很快就发现，类似课堂这种熟悉的环境有某种安抚人心的办法，能让人进入一种舒适的游离状态，特别容易犯困。当我一直坐在那里或经过一段什么有意思的事情也没有发生的"安静期"

以后，我的眼皮就越来越沉重。这时候，我会想到乔治·沙勒在雨中等待大猩猩们醒来的情景。这个念头能让我马上振作起来，庆幸自己全身上下都还是干爽的。

对于该如何进行下去，我没有明确的概念。同时，我又要尽可能保持清醒和注意。于是，在最初几个月的观察当中，我又恢复了自己早先的习惯，开始找点什么东西来进行计时和统计。例如，我无意间注意到，小学教师会在教室里走来走去，比我自己在教室里的走动要多得多。于是，我在本子上把教室的大致轮廓勾勒出来，把它分成四个象限，然后开始记录教师在不同区域分别待了多长时间。我还注意到，每位教师都会在很短时间内与很多学生进行短暂的互动。这看起来也不同于我的大学课堂里发生的事，于是我又开始统计这样的互动。一开始我根本不注意他们在说什么，只是记录互动的次数。我发现，这个数字高得惊人，不仅比我的预测要高，而且比任何教师自己的估计都要高(我之后请教师做了估计)。我仍然不确定这个"发现"意味着什么，但它至少是有趣的，而且收集信息的任务也足以让我保持清醒。就这样，我一直记录了好几周，同时开始改善我的观察技巧。

从方法的角度来说，这个阶段的工作到底发现了什么呢？我发现了一种让熟悉的现象重新变得陌生，因而也变得更为有趣的办法。这个办法就是剥夺事件的意义、不注意事件的内容、不注意教师和学生在对彼此说什么，而是聚焦于单纯的物理事实，比如，师生互动的数量或者教师在教室西南角待了多长时间。我觉得这些小小的观察练习是社会事实研究的基本模块。我还觉得，在这样做的时候，我采用的是一种陌生游客的姿态。假装像一个火星人那样、假装完全不理解人们为什么在这种环境下如此这般行事，这样就会对人类活动的整体轮廓产生困惑。

最终，我放弃了这种火星人立场，开始沉浸到我要了解的内容当中去了。但是，记录互动次数和描绘教师的行进路径也同样有好处。它告诉我，熟悉和普通是需要克服的障碍。克服这种障碍的一种笨拙的办法就是避免接触，以摆脱作为当前活动准参与者的角色，假装自己在遥望目前正在发生的事，或者就像在观看一场没有声音、没有字幕的无声电影。

这种课堂观察方法的主要麻烦在于，通过假装自己来自火星而产生的观看兴趣是非常短命的。除非与某些更深切的、渴望持续观看的理由结合起来，否则这种兴趣很快就会消失。这非常像孩子们第一次使用显微镜时的情况。对于大多数小孩子来说，第一次看到放大了的人类头发或苍蝇翅膀，通常都会感到兴奋、会被迷住，至少在最初几分钟内是这样的。可是，不久之后，当新奇感逐渐消失，这些年轻的观众就开始寻找别的不寻常的东西了。那些东西也很快就会失去吸引力，除非能成为系列活动中的一个部分。后一种情况很少会出现，结果这些昂贵的小玩意儿不久就被抛在一边了。

幸运的是，我可以避免小孩子拿到一种新玩具时的那种命运。我突然意识到，教师与学生的互动频率以及教师对教室不同位置的访问之所以有趣，不仅是因为数量惊人，而且是因为这些数字反映了课堂生活的本质。我开始意识到，教师之所以匆匆忙忙，是因为他们要服务二十五到三十名儿童，同时他们又在某种教育信念的指导下开展工作，这种教育信念高度重视个别教学以及随之而来的一切。然后，我开始注意到，课堂活动的其他特征似乎也是对同一组条件的反应。例如，在向教师举手示意时，学生们会把左手放在右肘部位，用这种方式来支撑自己的手臂。我意识到，在教师注意到这个学生并且让他提供帮助以前，高高举起的手臂通常需要保持好几秒钟。之所以会有这种熟悉的姿势，是因为沉重的手臂需要额外的支撑。换句话说，支撑起来的手臂是对拥挤的课堂生活条件的合理反应。对于我的新兴趣来说，高举的小手就是那些课堂生活条件的象征。

随着我对那些有塑造能力的力量越来越感兴趣，我眼中的课堂场景也在发生改变。这些力量和对于学校生活的各种标准解读几乎没有任何关系。我很容易就能举出别的例子来说明这一点。比如，拥挤的人群就是这些力量当中的一种。但是，继续谈下去会偏离后文将要呈现的内容，所以我不得不就此打住。现在，我要转向课堂观察的另一个方面。我觉得它是理解当日工作的核心，同时也是本书内容的关键，尽管我也是多年以后才认识到它的重要性。这涉及研究的程序、问题和目标之间的联系。

通过早先几周的观察我很快发现，在放弃旧的研究习惯时，放弃的不仅是一套方法，还放弃了与这些方法相匹配的那些问题。换句话说，这种改变不仅仅是数据收集程序的改变，不仅仅是用直接观察来替换测试。除了这个改变，我还要面对这些问题：我应该收集什么"数据"（如果有的话）？出于什么理由？我坐在教室后排想做什么？为什么？我们已经看到，我有一些个人理由，想要比以往的研究更近距离地看到现象世界。可是，当我真到了那里，我仍然要搞清楚自己的访问有什么认识上的目标。

当然，目标问题是每个研究者都会遇到的，无论他或她是在实验室工作还是在现场工作。不过，在类似教育这样的应用研究领域，目标有其自身特点。在这里，实际问题一抓一大把，因此对于解决问题的需求十分强烈。当前的教育尤其受到此类困难的制约，而且或许一直都会如此。任何研究教育过程的人，似乎都很快会投入一个乃至多个棘手的问题或者回答一些急切的疑难。这些问题都是明摆着的。比如，如何才能影响那些已经放弃学业的学生？如何评价教师？如何让当今的年轻人爱好科学和数学？应该如何教他们写作？什么是优秀的管理者？为什么有的学校会更有效？这个清单几乎可以一直这么列下去。

我并没有带着任何这样的问题来开始观察，而且在最初几个月里我也没有被其中的哪一个问题吸引。相反，我和许多研究者类似，认为自己是在追求"基础研究"的目标而不是"应用研究"的目标。实际上，我甚至会因为自己不用给实际问题提供答案而感到扬扬自得，尽管在这种有点自矜的态度之余，我也时不时会感到不安。当朋友们问我访问学校时在做什么的时候，我往往只是给他们一个模糊的、泛泛的回答，比如，"我想弄清楚课堂是如何运作的"，或者"我想搞清楚课堂里发生了什么"。如果有人要进一步追问，如想知道我为什么选择课堂而不是别的什么自然场景，那么我的回答一般就会显得轻松而诙谐："因为人家就在那里呀!"或者"因为我觉得好玩儿。"但是，回答当中的这种轻松并不是说说而已，我是真这么以为的。

麻烦在于，我对于这类问题的回答从来没有真正满足过我自己。我希望给自己也给朋友们一个更加充分的回答。但是，坦白说，我给不出这样的理由。现在，我觉得自己终于可以回答了。这得部分归功于本书完成以后，发生在社会科学领域及知识界内部的某种巨大改变。

这个改变与"解释"这个概念有关。在过去几十年里，这个概念已经在学术界变得异常重要了。例如，我不久前才认识到，当我坐在教室后排时，我努力去做的就是对于正在发生的事情提供一种解释。用后来的这些词汇描述此前的工作，这让我感觉自己有点像莫里哀笔下的那位绅士①——一辈子说着散文，却还不自知。无论如

① 译者注：这个典故来自法国剧作家莫里哀（Molière，1622—1673）的喜剧《布尔乔亚贵族》[*Le Bourgeois Gentilhomme*，中文译名还有《向贵人看齐》(李健吾译)、《醉心贵族的小市民》(邓琳译)、《贵人迷》(仲恢、冯国超译)]。剧中的哲学教师告诉儒尔丹，表达思想感情，要不就是用韵文，要不就是用散文。其中，日常说话就属于散文，比如："尼科尔，把我的拖鞋拿过来，再递给我睡帽。"受到哲学教师的启蒙，儒尔丹才惊奇地发现："其实，我说散文已有四十多年，自己还一点儿都不知道呢，你使我懂得了这一点，真是感激不尽。"([法]莫里哀：《莫里哀戏剧全集 4》，肖熹光译，24 页，北京，文化艺术出版社，1999。)杰克逊此处引用儒尔丹的例子，是类比自己那种"后知后觉"的境况。这种"后知后觉"是重要的，代表了杰克逊对于学习的一种独特认识，即基于"遥距观察"来判断学习，往往会出现始料未及的情况。在《不言之教》当中，杰克逊用"慢一拍"来描述这种学习现象(参看本书"代译者序")。

何，尽管姗姗来迟，这种发现仍旧有价值。

之所以可以这么说，多少是因为它帮我化解了自己体验过的那种不安。作为一名观察者，我受到的训练却来自一个相当狭隘的实证传统。在这种实证传统当中，观察的目标基本上就是"收集数据"。这意味着去给一个确定的问题寻找答案，而问题在观察者到达现场之前就已经确定好了。但是，除了我已经描述过的早先那些教师行进和师生互动的表格以外，"收集数据"并不适合描述我想要做的事。同样，我也不是要去"寻找问题"或"探索现场"。这两样活动对于像我这样有过类似训练的研究者来说，做起来固然会感到轻松愉快，但也不适合描述我想要做的事。

历史学家海登·怀特（Hayden White）关于解释过程的说法更符合我的经验，比我在研究生期间读过的任何研究方法手册都要更加贴切。他说："在解释性话语当中，想法会接踵而至，在言说或写作之前无法预测。而且，各种想法之间不需要严格的、可以相互推导的联系。"[1]让我借助自己的经验来说明怀特的意思吧，因为他的评论与我的观察经验高度契合，并且当我开始反思自己看到过的东西时，这些话也都一一应验了。

除非我强迫自己关注特定的某些事（如师生互动的频率），否则在教室的时候我的思想就容易漫无目的地四处游荡，开始注意随便

---

[1] Hayden White，"The Rhetoric of Interpretation，" in Paul Hernadi，*The Rhetoric of Interpretation and the Interpretation of Rhetoric*，Durham，Duke University Press，1989，p. 2.

什么恰好出现在眼前的人、事、物。这个过程在我晚上回到家时又会重演一次。那时，我会去回想自己看到了什么、听到了什么，但从来都不是什么系统的方式。常常会有某个场景或事件，没有任何征兆地突然就闪现在我的记忆里。每当这时候，我就会停下来，想一想我回忆起来的是什么，问一问自己为什么这段特殊的经验会保留在我的记忆当中。我很难满意地回答这些问题。但我经常发现，如果在头脑中反复回想这些片段，我就能逐渐辨认出当中一些之前被忽略掉的方面。起初让我觉得微不足道的东西会渐渐变得重要起来。现在看来，这种经验的确是当时解释过程的一个关键环节，而且总是让人兴致勃勃。这种经验总能成功唤醒某种欲望，鼓励我重新回到课堂。

怀特还说，解释是"系统怀疑所关注对象的性质"①。我想他的意思是，解释者对于自己的研究对象是真的心存疑惑，同时对于别人曾经说过的东西也不信任。换句话说，无论研究对象看起来多么熟悉和平常，它对于研究者来说都保有一种神秘感。怀特又做了进一步的扩展，把这种怀疑的态度应用到描述研究对象的语言以及解释研究对象的标准化方法上来。为了得到更充分的描述，解释者不得不放弃表面的、技术性的表达，转而寻求更生动的言说。怀特将

---

① Hayden White，"The Rhetoric of Interpretation，" in Paul Hernadi, *The Rhetoric of Interpretation and the Interpretation of Rhetoric*，Durham，Duke University Press，1989，p. 2.

其称为"生动表达的技巧"①。

在试图谈论访问教室看到的事情时，我并没有意识到自己的言说变得更加生动了。但是，我现在能意识到，在反复琢磨一个特定的图像或一段在访问中无意听到的对话时，我已经开始以象征的方式来看待那个对象或事件了，因此我的表达是生动的而不是虚浮于表面的。举个例子，这就好比学生撑着自己的手臂、让手高高地擎在空中以便吸引教师注意的景象。正如已经说过的那样，这种行为没有任何不寻常，它在每间教室里都会发生无数次。表面上看，它只不过是一个意义明确的信号。然而，以象征的方式来看，它代表的就不是那个想要得到教师关注的学生了。擎起来的手臂象征着教室里的拥挤状态。可以说，这体现了等候的必要性。我从中真切地看到了一种普遍存在的延迟，这种延迟一度占据了我的全部注意力。

就这样，"解释"这个概念帮助我阐明了作为观察者的经验有什么特点。不过，在此之外，我仍须对它的作用继续做一点补充。因为不愿意投身于对当日的一个或多个棘手教育问题的研究，我一度产生了某种内疚感。如果我当时能够意识到"解释"这个概念，那一定可以减轻早先那种由内疚感带来的深层不安。我同样希望下面这些补充可以吸引读者继续读下去。简短截说，需要解决的问题是：

---

① Hayden White，"The Rhetoric of Interpretation，" in Paul Hernadi，*The Rhetoric of Interpretation and the Interpretation of Rhetoric*，Durham，Duke University Press，1989，p. 2.

如果对课堂内容的解释并没有直接指出如何改进教学、如何更好地管理课堂，那为什么还要在意它？

问题的答案来自这样一个信念：学习以不同的方式看待事物，无论是在教室内还是在其他任何地方，都会对我们面向周围环境的反应方式产生重大影响。我相信前文已经表明这一点了。尽管在感知、思考和行动之间的联系有大量衰减，而且几乎从来无法验证，但对事物的新认识总是可以改变我们的思考方式和行动方式。这是艺术和科学共有的信念，它们提供的新认识能不断唤醒我们，让我们看到一个又一个不一样的世界。

这种唤醒是怎么发生的呢？无疑这会有许多不同的方式。但是，根据我访问教室的经验，我相信一种主要的方式就是扩展我们已经知道的那些事物的意义或重要性。事实上，基于此种经验我进一步认为，恰恰是生活中的那些普通的、平常的方面，是最需要更新认识的部分。课堂生活就是其中之一。

就教育研究而言，这意味着"随便看看"并试图弄清楚在课堂上看到的内容，与试图解决教育中的各种紧迫问题相比，同样也是合理的。至少来说，如果"随便看看"的目标是对默认的东西获得一种新的理解，那么这种做法就是合理的。这当然不是说我们应该放弃困扰实践者的那些问题。那样做就太傻了。但是，即便这些问题很重要，也不需要每个人都投入这种研究。同时，每天面对这些问题的那些人，也不需要把全部注意力都耗费在这上面。

为了写这篇"再版序言"，我重读了《课堂生活》。这让我注意到了之前被忽略掉的两个细节，它们都与这里讨论的主旨相符。一个细节与第一章和第五章章首引用的句子有关，一句来自西奥多·罗特克(Theodore Roethke)，另一句来自沃尔特·特勒(Walter Teller)。这两句话都与琐事的重要性有关。这是过去被我忽略掉而现在看来非常重要的一点。罗特克希望我们明白，机构中的琐事可能对我们不利，应该加以抵制。特勒则指出，微不足道的东西恰恰可以揭示举足轻重的主题。这两个观察都与所引出的章节主题保持一致，但后者最能表达我在访问教室的前几个月里的感受。寻常背后蕴含着不寻常，这是我现在的概括。随着时间的流逝，这种洞察（对我来说确实如此）变得越来越重要。其中包含的真理是我全部工作的基础。

我在重读时注意到的另一个细节位于"序言"的第一段。在谈到为什么要写这本书以及为谁写这本书时，我写道："它（的目标）仅仅是要激发读者的兴趣，也包括唤醒他对于学校生活各个方面的关注。这些方面在过去还没有得到应有的关注。"且不谈现在已经过时的男性代词（"他"），这句话当中引起我注意的是两个动词："激发"和"唤醒"。两者都隐含着把某人从沉睡状态转变为清醒状态的意图。同样，我不觉得自己当时已经意识到了这一点。但是，我现在知道，这些动词与我最初几个月在观察期间发生的事情是多么接近。在当时受到激发的是我，而唤醒我的就是在那几间教室里的所见所闻。我的目标是为读者做同样的事情。

关于本书公开宣称的那些目标，我现在还看到了另外一些当时被忽略掉的内容，我想为今天的读者直截了当地指出来。我在书的开头部分发现了某种矛盾，或许整本书都是如此，而我当时并没有意识到这一点。通过我刚刚引用的句子和它之前句子的对比，就可以把这种矛盾显现出来了。此前那句话写道："本书的目的，既不是为了批判学校，也不是为了赞美学校，甚至不是为了去改变学校。"但是，我接下来继续写道："这些方面在过去还没有得到应有的关注。"听起来，好像我对于学校的哪些方面需要改变已经有了什么想法似的。这种矛盾心态的其他迹象散布在整本书当中，如布莱克和罗特克的话就很明显。这两句话都对学校和学校教育提出了严厉的批评。布莱克说上学带走了所有的欢乐，罗特克则赞扬年轻人抵制机构中的"琐事"。如果真像我说的那样，既不是为了批判学校，也不是为了赞美学校，那为什么要用这些批判性的陈述来预告本书的内容呢？

我相信问题的答案就是我对自己所说的中立态度感到矛盾，尽管我当时并不总会承认这一点，甚至在面对自己时也是如此。我身上主导的那个部分是想让自己成为中立的观察者，只是描述事物运行的方式。我的另一部分却很容易产生对时代精神的义愤和同情，想加入(二十世纪)六十年代中后期开始的那些向学校投掷砖块的人群。我记得劳伦斯·科尔伯格(Lawrence Kohlberg)和我在那些年里，就彼此的新观点进行了很多次长谈。他称呼我为"'是'先生"，我称呼他为"'应'先生"。我们的讨论总是很友好，同时又充满活力。我们都没想过要去改变对方，但我们经常能成功地，至少是暂时动摇对方对于自己课题的信心。这些讨论也许可以部分解释我现在在书中发现的那些矛盾吧。出于对我们友谊的怀念，我相信事情就是这样的。书中的这些矛盾之处恰恰证明了这些交流对我来说多么难忘、多么重要。

无论如何，我最终否认自己是和学校批评者站在一边的（无论是过去还是现在），并选择坚持在本书开头段落中表达的那种中立立场。这并不是说我看不到学校中有任何可以谴责的东西。谁要是这样想，那就太盲目了。这也不意味着学校中没有任何值得赞赏的东西。这肯定也是某种盲目的迹象。但是，唤醒对学校复杂性的认识，它的效果就像我经历过的那样，既看到值得赞赏的东西，也看到应受谴责的东西，并且不把它们当作相互排斥的类型，似乎要么得立即采取行动，要么就得加以表彰。相反，就像我们在其他地方看到的那样，好坏两方面相互依存、令人头疼地纠缠在一起。最重要的是在观察时不再把赞美或谴责看作自己的目标。下面的章节如果能对今天的读者产生类似的影响，那我就心满意足了。

P. W. J

1989 年 10 月

/序言/

　　本书写给所有那些对学校和儿童感兴趣的人，尤其是教师、学校管理者以及那些在日常工作中会和课堂生活打交道的人们。本书的目的，既不是为了批判学校，也不是为了赞美学校，甚至不是为了去改变学校。它仅仅是要激发读者的兴趣，也包括唤醒他对于学校生活各个方面的关注。这些方面在过去还没有得到应有的关注。

　　本书关注的是小学课堂发生的事。这种对学校教育早期阶段的重视是有意为之的。因为，正是从这个阶段开始，小孩子们开始学习过制度化的生活。同样，也正是在这个尚未定型的阶段，这些孩子发展出了各种各样的适应性策略。在接下来的教育生涯以及此后的生活当中，这些都将一直陪伴在他们左右。高中和大学的课堂生活和低年级的课堂生活当然是不同的。但是，除了这些明显的差异之外，仍旧可以找到一些基本的相似性。说到底，不管是在哪里，学校就是学校。

　　本书的风格是混合式的。实证研究与思辨研究相互交叉，表格型材料会与最无法量化的断言放在一起。有一些地方语气强硬，而另外一些地方则要柔和许多。但是，这种混合并不是没有用意的。在我看来，课堂生活太复杂了，根本不能只从任何单一视角来观察或者谈论。因此，如果我们想要了解学校对于学生和教师意味着什么，那就必须毫不犹豫地使用我们掌握的各种办法。这意味着我们必须去阅读、观察和倾听，去做统计，去和人们交谈，甚至去思考自己的童年记忆。最终，我们当然会想要写下我们知道的东西。这本书就是这样，我试图杂糅各种不同的方法来解决我的课题。

我引用的一些研究，尤其是第二章、第三章讨论的那些研究，有些读者可能觉得过时了。在今天这个有大量研究支持以及电子数据处理的时代，新的研究发现层出不穷，甚至超过了那些渴望了解研究进展的公众的消费速度。因此，这显得有点奇怪，我竟然会到故纸堆里挑选那样一些研究出来，然后一本正经地讨论那些研究者的发现。要知道，按照今天的标准，这些研究哪怕在本科生的研究设计课上也用不了。但是，早先的这些研究在一些重要主题上提供了非常丰富的信息，而这些主题今天的研究者们已经不再关心了。在阅读这些早期研究时，今天的读者当然不应该放弃自己的批判能力，但读者同样不应该出于对新颖和时效的偏好，妨碍自己好好利用过去的这些研究。

这不是一本教科书，因此没有对许多现存的有关课堂现象的研究进行系统的甚至不系统的回顾。读者如果想要找到对这些研究的综述，那在这里是找不到的。这包括由玛丽·休斯（Marie Hughes）、B. O. 史密斯（B. O. Smith）、阿尔诺·贝拉克（Arno

Bellack)、雅各布·库宁（Jacob Kounin）、布鲁斯·比德尔（Bruce Biddle）、路易斯·史密斯（Louis Smith）、埃德蒙·阿米登（Edmund Amidon）、内德·弗兰德斯（Ned Flanders）等人完成的精彩研究。实际上，这些杰出研究者的名字，在下面的页面当中甚至都没有出现。本书要关注的是一个日渐成熟的领域当中的某些未经探索的地带。因此，对于这样一本书来说，这种遗漏是有必要的，并非疏忽。

接下来要阐述的要点发端于 1962 年，我当时是"行为科学高级研究中心"的研究员。那一年，我访问了加利福尼亚州帕洛阿尔托的一些小学。通过这些访问，我开始确信接近学校生活的社会事实是有价值的。感谢弗朗西斯·S. 蔡斯（Francis S. Chase），他那时担任芝加哥大学教育系主任，正是他让我可以留在这个中心。感谢拉尔夫·泰勒（Ralph Tyler）和他的同事们。他们创造了一个环境，在那里我得到鼓励去探索一个新的方向。我尤其要感谢玛格丽特·艾利森（Margaret Allison）、乔伊斯·布莱森（Joyce Bryson）以及劳埃德·布舍（Lloyd Busher），这三位教师允许我在那一年的大部分时间里，静静地坐在他们的教室后面，又在午餐时间或喝咖啡休息的时间里耐心忍受我的提问。

当我在 1963 年秋季回到芝加哥的时候，我决定继续进行系统的课堂观察。在当时的芝加哥大学实验学校小学部校长罗伯特·纽曼（Robert Newman）的帮助下，我得以进入由费伊·艾布拉姆斯（Fay Abrams）和路易斯·普利斯（Louise Pliss）执教的两个四年级教室。随后，我扩展了自己的"样本"，增加了由朱迪思·琼斯(Judith Jones)执教的一个一年级班级以及由希瑟·卡特(Heather Carter)执教的一个二年级班级。我对这四间教室的多次访问，和这些教师的频繁交谈，为本书的几个想法提供了素材。大多数教师都很容易接受偶尔到访的客人，可是当访问者在连续两年的时间内天天出现，当他坚持在放学后留下来甚至尾随教师到教师休息室和操场的时候，那么他不再受到最初的那种欢迎当然是情有可原的。实验学校的这四位教师如果对我的访问也有过这样的感受，那只能说他们在我面前伪装得太好了。我和他们都建立和保持了深厚的友谊，这个事实正是他们的教学勇气的一种证明。但愿每一位课堂观察者都能如此幸运。

不少人读过本书的书稿，包括哈丽雅特·拉哈登(Henriette Lahaderne)、伯尼斯·沃尔夫森(Bernice Wolfson)、劳伦斯·科尔伯格(Lawrence Kohlberg)、布鲁斯·比德尔(Bruce Biddle)以及戴尔·哈里斯(Dale Harris)。我很感激他们的鼓励、坦率的批评以及睿智的建议。虽然我要对本书可能存在的任何缺陷负全责，但如果这本书确有小成的话，那必须归功于这些敏锐的读者。感谢我的秘书伊薇特·库尔塔德(Yvette Courtade)的帮助，她能熟练地辨认我那潦草的字迹，把第一份完整的手稿打出来。

本书部分内容曾以文章的形式发表在《学校评论》(*The School Review*)、《小学杂志》(*Elementary School Journal*)、《教育心理学杂志》(*Journal of Educational Psychology*)上。感谢这些杂志的出

版人允许我使用这些材料。

每写完一小部分，我都会请妻子乔给点反馈。渐渐地，我开始在很大程度上依赖她的那种敏感性。她总能发现手稿中不清晰的段落以及别的粗糙的地方。比她在编辑方面的敏锐还要更加重要的，是她对于这个课题的信心。这是一种无须言语就可以传达给我的信心。

P. W. J

伊利诺伊州，芝加哥市

1968 年 1 月

/ 第一章　例行公事/

　　所谓"秩序"，亦即社会机构中的那些琐碎事务，从人的角度来看恰恰是一种干扰，因此必须予以反对。年轻人已经意识到了这一点，这正是心理健康的一种标志。[①]

　　　　　　　　　　　　　　　　　　——西奥多·罗特克

　　在九月到(次年)六月间的一个平常的工作日早晨，三千五百万美国人和自己的家人亲吻、告别，然后拿上自己的午餐袋和书，一整天待在一个叫作小学课堂的地方。这种地方，全美国总计有大约一百万间。这样的从家到学校的大规模迁徙，很少会出现什么混乱和麻烦。除了那些年幼的孩子们，很少有人会痛哭流涕，也很少有人会欢呼雀跃。在这个社会当中，读书上学是如此寻常。我们在目送他们上学以后，就很少会去想孩子们到学校以后发生了什么。当然，这种漠然有时候也会暂时被打破。当孩子们身上有什么事情不对劲，或者有了什

_____

　　① Theodore Roethke，*On the Poet and His Craft*，Washington DC，University of Washington Press，1966.

么非比寻常的成绩时，我们才会感到好奇（至少有那么一小会儿），才会想一想上学对孩子们来说到底意味着什么。但是，大多数时候我们只是知道约翰尼在上学的路上，然后整件事就完全被抛在脑后了。

当然，家长一定会在意约翰尼在学校里学得怎么样了。当约翰尼磨磨蹭蹭地回到家时，家长会问他今天发生了什么，而且一般也会问一问他今天过得怎么样。但是，无论是提问的人还是回答的人，都只关心学校经验中的那些容易被注意到的地方。他们关心的都是学校生活中的那些不寻常的方面，而不是那些平平常常、看似琐碎的东西。可是，正是这些东西充斥着学校生活的每一分、每一秒。换句话说，家长关心的只是学校生活的"调料"，而不是学校生活本身。

同样，教师关注的对象也只是学生学校经验中极其狭小的一部分。他们常常会关注某个学生具体做错了什么或者取得了什么成就，然后用来代表这个学生在一整天里的学校表现，尽管这些事在时间上只占极小的比例。教师和家长一样，很少思考那些构成课堂生活常态的千万个瞬间。

学生本人的关注点也同样是选择性的。如果有人想去过问这一天的学校时光，学生本人可能也没法子给出一个完整的说明来。对他来说，这一天被简化为极少数符号性事件，比如，"我的拼写测验得了一百分""班上新来了一个男生，就坐在我旁边"。学生自己想到的也可能是一些一再发生的事，比如"我们上了体育课""我们上了音乐课"。他能马上回想起来的细节，不会比我们的例行提问所要求的答案更多。

对于学校生活中的那些特殊事件的关注，可以从人类兴趣的角度加以说明。在观察其他类型的日常活动时，我们会发现某种类似的筛选过程也在发挥作用。如果有人问我们到城里逛得怎么样，或者今天在办公室里过得怎么样，我们很少会描述乘巴士或者在饮水机前排队的情形。事实上，我们更愿意说什么也没发生，而不是列举在回家之前发生的一桩桩无趣的事情。除非有什么有意思的事情发生，否则我们就觉得没有必要去谈论自己的经历。

然而，从对生活方式和生活意义的影响来看，那些很少被人提到的事与那些耸人听闻的事同样重要。与我们谈论的东西相比，这些无人提及的东西当然占据了我们经验的大部分。日常的例行公事就像鼠笼里的那种周而复始的奔跑，也可以说是大家都不喜欢的那种"老一套"。这种例行公事当然也可能因为一些偶发事件突然绽放出光彩。但是，日常生活的灰色调本身拥有一种粗粝的潜能。人类学家比其他社会科学家更能理解这一事实。他们的田野调查告诉我们，要重视人生中的那些单调元素的文化意义。要理解小学课堂生活，我们就必须牢牢记住这一点。

一

学校有考试，有人通过，有人没通过。学校会发生一些奇妙的事，能给我们一些新的洞察、一些新的技能。同时，学校也是一个让人静坐、聆听、等待、举手、交作业、排队以及削铅笔的地方。在这里，我们能遇到朋友，也能遇到敌人。在这里，可以释放想象，也可能答疑解惑。同时，学校还是一个需要强忍着不打哈欠、把名字的缩写刻在桌面上、收牛奶钱以及在午休时排队的地方。无论是众所周知，还是不为人知，学校生活的两面性我们都很熟悉。关心教育的人应该对那些不为人知的东西给予更大的关注，哪怕只是因为它们本来就容易被忽视。

为了理解琐碎的课堂事务的价值，我们需要考虑它们的发生频率、学校环境的标准化以及日常出勤的强迫性。换句话说，我们要意识到学生的在校时间很长，校内环境高度统一，而且不管他们喜不喜欢都得上学。这三项特征尽管十分明显，但还是值得进一步展开。其中的每一点都可以帮助我们理解学生如何认识自己的学校经验，以及他们怎样应对这种学校经验。

孩子们的学校时间可以做精确的数量描述，尽管这些数量的心理意义完全是另一码事。美国多数州的法定学年有一百八十天。其中，一个完整的工作日大约有六个小时（包含午餐时间），从早晨九点一直持续到下午三点。因此，如果学生一整年都没有缺勤，他将有超过一千小时处在教师的关心和监护之下。如果他上过学前班[①]，并且和上小学时一样勤勉，那么在上初中之前他就已经花了大约七千小时的时间待在教室里了。

很难理解这七千小时对于一个孩子六七年来的生活有怎样的重要

[①] 译者注：在美国、加拿大、英国、澳大利亚等国家，K-12 指的是学前一年及随后的十二年基础教育。K-12 与我国的基础教育并不完全对应。其中，"K"（kindergarten）接近我国一些农村地区开办的学前班，是为期一年的学前教育。

性。一方面，与这个孩子这几年里的总体生活时间相比，在校时间的占比并不大，只是他这段生命历程的不到十分之一，是这期间他的睡眠总时长的三分之一。另一方面，如果刨除睡眠和游戏，那就没有什么别的活动能够比上学占用更多的时间了。从卧室(在这儿他主要是闭着眼睛的)出来以后，除了教室就没有什么地方能让他花那么长的时间了。从六岁开始，更经常看到他的就不再是他爸爸，甚至也不再是他妈妈，而是他自己的老师。

关于这些课堂时间的意义，另外一种估计的办法是问一问别的那些熟悉的、重复性活动占用了多长时间。去教堂是一个有趣的比较对象。要达到一个六年级学生的上学总时长，我们得在连续二十四年里在每个周日花一整天待在宗教聚会上。如果你想要一点儿一点儿来，那么你就需要在连续一百五十年的每个周日都花一小时待在教堂。只有这样，我们对教堂的熟悉程度才可以达到一个十二岁孩子对学校的那种熟悉程度。

把上学和去教堂做比较可能过于戏剧化了。但是，这的确可以帮助我们理解那些貌似没有什么意义的数字。而且，在上学以外也就没什么别的需要到场的聚会是比去教堂更常规化的了。

把上学时间换算为每周去教堂，这还能达到更深层次的目的。这可以用来比较学校和教堂之间的一些重要的相似性。身处这两处的人们都处在一种高度稳定、高度仪式化的环境当中。并且一旦考虑到这两处的重复、冗余以及仪式化的行为，那么在这两个场景中的持续出场对于我们的重要性就进一步放大了。

教室和教堂里的礼拜堂一样，除了被当作教室或礼拜堂就不可能被当作别的。到这里来的人，没谁会觉得自己进了客厅或杂货铺、火车站。即使是在半夜三更或别的什么特殊时间进来的人，在这里做的事也还是基于同样的功能。在这儿该做什么，他们一点都不会搞错。就算一个人也没有，教堂还是教堂，教室也还是教室。

当然，这并不是说所有的教室都像教堂那样整齐划一。教室之间当然存在差别，有时候这些差别甚至会达到十分强烈的地步。早期的美国教室使用的是木质长凳和木质地板，今天的乡村学校使用的是塑料椅子和瓷砖地板。只是比较这两者，我们也能知道教室之间是有差别的了。但是，在这些差别之外，仍然存在相似性。这些相似性更加重要，反而是教室与教室之间的差别在不同历史时期并不那么大。同样，不管学生在一到六年级时是待在乙烯地板革还是待在上油的木质地板上，不管他整天盯着的是黑板还是绿板，都改变不了一项事实——他花了六到七年的时间待在一个高度稳定的环境当中。

在各种让课堂看起来更像家一样的努力当中，小学教师常常花大量时间来考虑装饰的问题。把布告板换掉，挂上新的图片；把座椅位置从围成一圈改成排排坐，然后再换回来。但是，这些事做得再好也仍旧是表面上的调整。这和那些主妇们做的事情一样，她们重新摆一摆东西，再换一换窗帘，觉得这样就能让自家客厅焕然一新。可惜，这些做法都是白搭。布告板能变换内容，但是从来没有被撤掉过；座椅位置可能重新安排，但是仍然有三十个小孩子在那里；教师工作台可能摆上新植物，但是教师还是得坐在那儿。就像挂图、草绿色的粪箕以及窗台边的削笔器一样，所有这些东西都固定在那儿。

　　甚至连教室的气味也都是标准化的。尽管不同学校可能用了不同牌子的地板蜡和清洗剂，但它们好像都带着某种相同的成分，类似的东西制造出一种特定的气味，弥漫在整个学校建筑当中。此外，在每间教室里，还有一点点粉笔的刺鼻味道和削笔器产生的一点点清新的木料香味。在有的屋子里，尤其是在午饭时间，还有一种熟悉的橙子皮味道和花生酱三明治的味道。整个下午，这些味道和孩子们身上那种略显刺鼻的汗味混合在一起。只要鼻子够灵光，哪怕是蒙着眼睛，光靠闻也能知道自己到了哪儿。

　　对于师生来说，所有这些景观和气味都太熟悉了，结果它们的存在开始变得晦暗不清、遁入意识的边缘。只是在一些不寻常的情况下，教室才会在那么一瞬间变成某种陌生的地方，充满了吸引我们注意的东西。学校的各种特质一般会融入这种未分化的环境。学校居民只有在某些极其罕见的场合，才可能暂时摆脱那种熟悉感，比如在晚间或在暑期回到学校，结果发现学校门厅那里有人在敲榔头。只有当观察者对情况不再熟悉的时候，这种显然发生在教室以外的经验才可能出现。

　　教室不仅是一个相对稳定的物理环境，它还提供了一种相当稳定的社会环境。在同样旧的课桌后面，坐着同样大小的学生；在同一块黑板前面，站着一位大家都熟悉的老师。当然，教室也会出现一些变化，有的学生转进来，有的学生转出去；有时，在某一天早晨，孩子们还得向一位陌生先生问好。但是，大多数时候这些都只是例外，不会给教室带来什么刺激和扰动。此外，大多数小学课堂不仅社会结构相当稳定，实际的物理安排也相当守规矩。每个学生都有一个指定的座位，我们总能在那里找得到他。这个做法让教师或学生可以一眼就瞥到他。拿眼睛一扫，就能看到谁在、谁不在。这个做法如此轻而易举，比任何语言都更有说服力，可以说明教室里的每个人是多么习惯于别人也在场。

小学教室的社会氛围还有另外一项重要特征。在我们的学校里有别处无法比拟的私密性。巴士和影院可能比教室里的人口更加密集。但是，人们很少长时间待在这些人口密度如此之高的地方。即使待在那里，他们也不认为自己会在那种情况下专心致志地工作，或者心无旁骛地和别人交流。即使是工厂里的工人，也不会像教室里的学生那样密集地待在一起。事实上，如果一间工厂有类似普通小学那样的规模，却包含三百到四百名成年工人，那会发生什么？工会很可能不允许他们这么干。只有在学校里才会有三十到四十人每天花几个小时、肩并肩待在一起。离开教室，你就很少再有机会与这么多人、这么长时间接触了。这个事实与后面的章节特别相关，到时候我们会再讨论学校生活的社会需求。

小学生总能体验到的另外一个方面，是教室里仪式化、周期性活动。例如，一天的日程被分割成固定的时间段，在每个时间段要学特定的学科、做特定的活动。当然，每一天、每一周的工作内容也都有变化。在某种意义上，这是在持续性中间加入了一些变化。但是，在每周二早晨，算术之后总是拼写。老师说："好的，同学们，现在拿出你们的写字本。"对他的这道指令，孩子们一点儿也不觉得意外。而且，在从自己的桌斗里翻找写字本的时候，孩子们并不知道今天的作业会是哪些新字，但是他们都很清楚接下来的二十分钟里该做什么。

尽管学科内容庞杂多样，课堂活动的形式却并不多。"个别作业""小组讨论""课堂演示""师生问答"，还可能包括"在黑板上演算"，这些标签就足以概括课堂上的大多数事情。当然，"播放影音文件""随堂测验"及"游戏"也有可能加入这个清单。但是，在大多数小学课堂上，这些事情还比较少见。

这些活动有非常清晰的规则，而且要求学生们都能理解和服从。例如，在个别作业阶段不要吵，在讨论时不要打断别人，在考试时眼睛得看着自己的卷子，有问题得举手。即使在低年级，这些规矩也得到了很好的理解，尽管还可能没有完全内化。在有人犯规的时候，教师只要给一个简短的信号就可以了："声音！孩子们。""注意自己的手。"在许多教室里，课程表是贴出来的。这样，接下来会发生什么，每个人都可以一目了然。

因此，当我们的小学生早晨来到学校的时候，他们是到了一个通过长期接触已经十分熟悉的环境。此外，这还是一个相当稳定的环境，这里的物理设施、社会关系、主要活动内容，都在日复一日、周复一周甚至年复一年地轮回着。这里的生活与另外一些环境下的生活有某些相似性，但并不全然一致。换句话说，学生的世界有某种独特性。学校就像教堂和家庭，是世界上最特殊的地方。除了它们，你再也找不到别的什么类似的地方了。

关于学生生活，教师和家长还有一件事不愿提及(至少不愿当着学生的面提)。就是说，不管孩子们喜欢与否，他们都必须待在学校。在这一点上，学生与监狱和精神病院里的人一样，都是不情不愿的。这种类比虽然显得有些戏剧化，但并不是在故作惊人之语。我也不是要把监狱和精神病院里的悲惨生活，与一、二年级学生日复一日的烦恼做比较。只不过，在某种意义上，学校里的孩子的确与那些禁闭所里的成人一样，他们都是囚徒。他们也得忍受那些不得不经历的体验，他们也得想出一些法子来处理个人需求、兴趣与机构的期许之间的冲突。在下一章，我将讨论其中的一些策略。我只想提醒人们注意，尽管有一些小孩子的确更爱上学而不是去玩，但在小学课堂这种高度程式化的环境当中花费的数千个小时，并不是一种真正意义上的孩子们的选择。就像家长和教师喜闻乐见的那样，一些七岁小孩子会蹦蹦跳跳、高高兴兴地去学校。但是，我们仍要时刻准备着去强迫那些不愿意上学的孩子。我们的这种戒备，孩子们并不是没有看到。

总的来说，教室是一个特别的地方。在这里发生的事情以及事情的进行方式，都让这个地方显得不一般。当然，这不是说学生的学校经验与他们在别处的经验完全不同。在一些重要的方面，教室就类似于家庭、教堂和医院的病房，尽管它们之间并不完全相同。

让学校有别于这些地方的不是教学和谈话中包含的教学内容，尽管在描述学校生活时我们总喜欢提到这些特征。是的，除了在这儿，我们就找不到这么多黑板、教师和教科书了。除了在这儿，我们也不会花那么多时间来读、写、算。但是，这些明显的特征并不能完整刻画学校环境的独特性。另外一些特征可能更不明显，但是却无处不在。它们构成了"生活的真相"，构成了学生必须适应的东西。在考虑学校生活对学生的影响时，教室的这些乍看起来并不明显的特征，与另外一些明显的特征同样重要。

学校生活的这些特点，学生未必能注意到，至少他们并不直接关心这些特点。那些随便看一看的观察者同样也搞不清楚。在某种意义上，这些特点就跟挂在衣帽间门上的那幅未完成版的华盛顿肖像一样真实。它们包含三种最重要的生活事实，哪怕是最年幼的孩子也必须学会应对。我们也许可以用这几个关键词来概括，分别是人群、表扬和权力。

排除别的方面不论，学会在教室当中生活就包括学会在人群中生活。这个简单的事实已经有人注意到了，但还需要进一步展开。大多数在学校里完成的事都是与他人一道进行的，或者至少是在有他人在场的情况下进行的。这个事实对学生的生活品质有复杂的影响。

同样重要的一个事实是，学校基本上是一个评价性环境。说测验是游戏，这有可能暂时骗得倒一些年幼的学生，但这个谎言并不能维持多久。他们很快就会看穿这些托词，认识到上学毕竟是一桩严肃的事。在这儿，最重要的不是你做了什么，而是别人怎么看待你做的事。适应学校生活，要求学生习惯于在别人的评价当中生活。

学校也是一个强弱分明的地方。这样来描述师生之间的差别可能过于苛刻了。但是，这能强调一个经常被忽略的事实，或者说这至少能接触到这样一个事实：教师的确要比学生拥有更大的权力，他们负有更大的责任来调控教室里发生的事。在权威程度上的这种巨大差别是学校生活的另一项特征。学生必须学会去应对它。

作为人群的一员，作为评价的潜在对象，作为权威人物的管理对象，学生目击了事实真相：至少在童年时代、在上学期间，他们是被禁闭在教室里的。当然，在别的环境下也可能遇到类似的条件。当学生不守规矩的时候，他就会发现自己生活在人群当中，是评价的对象，时刻被那些有更大权威的人管理着。这样的经验相当普遍，而且在这期间的适应策略也适用于其他的环境和生命阶段。

本章接下来的部分将会详细描述刚刚提及的三项课堂生活特征，学生应对这种日常生活的方式将会得到重点关注。这些讨论与接下来的章节一样，目的都在于加深我们关于学校生活附加在我们所有人身上的那种特殊标记的理解。

二

尽管那些漫不经心的参观者们并不这样想，但是任何教过书的人都知道，教室是一个很忙碌的地方。事实上，最新的数据甚至会让那些老教师也讶异不已。例如，我们在一项有关小学课堂的研究当中发现，教师每天要进行不下一千次人际互动。[①] 如果对学生的人际互动

---

① Philip W. Jackson, "Teacher-Pupil Communication in the Elementary Classroom: An Observational Study," the American Educational Research Association Meeting, Chicago, 1965.

进行分类，或者对教室内学生的身体移动进行分类，那无疑会给我们一个全新的印象。从走道上瞥一眼，我们会觉得大多数教室平静如常。而实际上，这些教室是一个个忙碌的蜂巢。那么，这对于亲历者们来说意味着什么呢？一种理解的方式是去关注教师如何协调教室里这种繁忙的社会流动。

第一，考虑教师行动的迅速性。是什么让教师可以在很短时间内由珍妮同学转向比利同学，再由比利同学转向山姆同学，然后再转回来？很明显，此类活动多是为了服务教学。教学通常包括发言，而教师就像守门人，要负责管理教室里的对话流。当一个学生想要在讨论环节说点什么时，识别他的意愿并且邀请他发言就成了教师的工作。如果有更多人希望加入对话，或者想要回答同一个问题（这种情况很常见），就需要教师决定让谁说以及按照什么顺序说。或者也可以从反面来讲，要由教师来决定不让谁发言。因为，如果一群学生都表达了参与对话的愿望，那么其中有些学生打算说的内容就很可能是雷同的。如果约翰尼同学首先被叫了起来，那么尽管比利同学也举了手，他也很快会发现自己什么也没得说了。这一事实部分解释了学生在向教师发出发言信号时的迫切性。

教师的另一项耗费时间的任务是担任补给员，至少在小学是如此。教室内的空间和物资都是有限的，教师要谨慎分配这些资源。一次只能有一个学生来借大剪刀或者看显微镜、喝水、用削笔刀，但是断掉的铅笔头和焦渴的喉咙显然不是一次一个出现的。因此，在任何时候，想要使用教室资源的学生数量都要比能用到的人数多。这能解释为什么在削笔刀、水桶、显微镜以及卫生间前面总是有人在排队。

与分配少量资源相关联的是给少数学生赋予特权。在小学教室内，教师通常会给一些学生分配他们渴望得到的职务，比如做安全巡视员、开投影机、派发东西等。在多数教室里，志愿者的数量都很充足，因此这些工作会让学生轮流干。(在小学公告栏上，常常能见到当前负责人的名单。)尽管分派这些工作并不特别耗费时间，但这的确会将这间屋子里的活动结构化，会完全改变许多参与者的经验。

教师的第四项责任是作为官方的时间管理者，这让我们注意到课堂生活的另外一个重要方面。教师是监管者，让事情准时开始、准时结束。教师决定什么时候由讨论转为作业，或者由拼写转为算术。教师决定一个孩子待在厕所里的时间是不是太长了，或者是不是放那些要搭乘巴士的人先走。在许多学校里，他的这项工作得到了复杂的铃声和蜂鸣器系统的协助。但是，哪怕整天都是完全准时的，教师也丝毫不会放松自己盯着时钟的责任。盯着时钟这个行为，在学校生活中有复杂的应用。最重要的是，这种行为提醒我们，学校是这样一个地方：在这里，事情之所以发生不是出于学生的意愿，而只是因为时间到了。

到这里为止，我们描述的所有行为都与一个共同主题相关，它们或多或少都是对拥挤的教室条件的反应。如果像个别指导中的情况那样，教师同一时间只面对一个学生，那么刚才提到的所有那些任务看起来就都没有什么必要了。至少部分是由于学生数量和时间的关系，才让教师变得忙碌起来。但要记得，我们的最终目标是关注学生以及他们的课堂生活质量。只有这样，教师的忙乱行动才会引起我们的兴趣，比如叫学生起来回答问题、分发物品、分配特权、开始或停止某些活动。这时候，这些行为才会告诉我们，学校对于作为教师行为接收终端的学生来说到底意味着什么。

在这种物质性的、临时性的、包含社会限制的课堂环境当中，教师行动对于个体冲动的确有限制作用。如果想说话的人都可以一起说，如果所有人都能够一起拿到大剪刀，或者都能够一起帮忙安装投影机，那么课堂生活会比平常来得更加让人兴奋。如果允许学生长期学习一个科目，直到他自己感到厌倦为止，那么我们当前的课程就要做重大修改了。显然，为了达到学校目标、避免混乱，一定的控制是有必要的。教师应不应该作为交通警察、法官、补给员、计时员等角色的综合体，这与我们当前的讨论无关。但事实上，这些功能都必须执行。落实这些责任会影响每一个学生个体，因此也就不再是无关紧要的了。一个充满了交通标志、口哨以及其他规则的世界，与别的世界是不同的。

一个无法避免的结果是，这种交通管制会带来延迟体验。在拥挤的状况下，人们被迫轮流使用有限的资源，一些人必须暂时等待，直到别人使用结束。当我们要求人们动起来时，群体的速度必定就是那个最慢成员的速度。在这种情况下，几乎难以避免的状况是，有些群体成员总是在等待别人。此外，如果像学生们普遍以为的那样，接下来的东西总要比眼前的东西更有吸引力，那么缓慢的行动在他们眼中就几乎要等同于完全停滞了。

所有这些不同的延迟都是有关课堂生活的老生常谈。事实上，当我们打算认真检查课堂生活的细节时，会为学生花在等待上的时间感到惊讶。最明显的例子是我们已经提到过的排队。在多数小学，学生一天内要排好几次队。在休息时间、午饭时间、放学时间，全班通常都得排一次队。然后，还有零星的、更小规模的队伍，比如在水桶前、削笔刀前等等。更进一步，教师会要求整个队伍一动不动，直到他说完话为止。这样，某种假装的统一和秩序就出现了。

在队伍解散时，这种等待未必就会消失。即使学生坐在自己的座椅上，他们也经常处在同样的状态下。在心理上，他们也好像正在排队。例如，我们常常可以见到，教师让一排同学挨个站起来回答问题、背诵或者检查作业。这时候，学生与教师之间的交往有固定的秩序。结果，在轮到自己之前，每个学生都得等待，并在说出自己的那一点想法之后，继续等待在下一轮里被教师叫到。即使在不搞"数字管理"的教室里，也常能见到讨论和背诵环节在轮流进行。一般来说，一个学生如果做过了贡献，那么教师接下来是不大会再叫他的，至少在一段时间内不会再叫。相反，一个从来没有说过什么的学生，相比于那些参与过几次的学生，在举手时更容易被教师注意到。这个过程如果有什么变化，学生和教师都会觉得不公平。因此，即使是在开放性的对话当中，也会有一些无形的排队存在。

在作业时间和学习时间，学生拥有相当大的自由，可以自己决定做什么。这时，教师本人往往成了一小撮等待中的学生的核心。一个最常见的安排是，教师与一个学生说话或者检查他的作业，另外两三个学生在边上等待教师检查作业，等待进一步的指示、回答问题或者做别的什么事。在这种情况下，往往还能见到一两个在座位上举着手的学生，他们坐姿端正、耐心等待着教师叫到他们。

低年级的一个常见安排是教师只面对一部分孩子开展工作。这群孩子通常在读书，另外一些则只是待在座位上。在教师面前的那个小组结束之前，很少有学生会去自己完成作业。这时，教师会告诫学生们"自己找些事做"，等待新活动开始。那些听话的学生会很忙，但是这种忙碌就跟等着见大夫的病人在忙着翻旧杂志时的情况是一样的。

在教室里需要服从的这种等待的最后一个例子是：一群人被布置了一道题或者一个练习，一部分孩子要比另外的人完成得早一些。这时，教师可能会问："谁还需要多一点时间？"或者说："结束了就举手。"这种延宕可能只有十几秒，但是在某些教室里是经常发生的。另外，对于这种延宕，各个学生的体验是不同的。这跟刚刚提及的那些情况一样，只不过恰恰相反的是，这回轮到那些更聪明、更敏捷、更投入的学生去等待了。

因此，通过几种不同的方式，小学教室里的学生都在等着轮到自己、延迟自己的行动。没有人知道每个学生平均花了多少时间在这种等待上。但是，对于多数教室里的多数学生来说，等待都是记忆的重要部分。更重要的是，延迟还只是在拥挤人群中生活的一个结果。从被约束的个体的角度来看，这甚至都不是最重要的一个结果。在等待的事情总会到来的情况下，等待并不算太糟糕，甚至还有些益处。但是，我们所有人都知道，有时候的等待只是徒劳。

在许多情况下，发生在教室里的延迟最终会导致对于学生需求的否定。举起来的手常常被无视，面向教师的提问常常被略过，学生渴望的允准有时候会被拒绝。当然了，有时候事情就是得这么办。不是每个想说话的人都可以被听到，不是所有的提问都能得到满意的答复，不是所有的要求都可以得到满足。同样，在个别意义上，所有这些否定可能并没有什么心理重要性。但是，只要以累积的方式来看待问题，那么这些否定的重要性就增大了。无论是否合理，这些否定都表明，为适应学校生活就得学会放弃自己的需要、等待可能的满足。

在这种拥挤的社会生活条件下，各类干扰造成了课堂生活的第三项特征。在集中活动环节，无关的评论、错误的行为以及外来参观者，都对课堂的连续性造成了干扰。教师与个别学生在一起，这是小学课堂的常见安排。但是，即使这时候，也有相当多的干扰。通常，其他学生会到教师这里来，要求教师给些建议。这是常见的状况，不是特例。因此，教学过程实际上充满了无数的小事故，教师必须花时间去填补一个又一个空白。学生得学会无视这样的干扰，或者至少得把注意力快速转回自己的学习当中去。

学校事务通常得可丁可卯地保持准时，这带来了另外一种干扰。遵守时间表往往意味着事情在兴趣来临以前就已经开始，而在兴趣消退之前又得结束。因此，学生会被要求丢开自己的算术书、拿出写字本，尽管他们想的是继续做算术而不是写字。在课堂上，工作总是在完成之前就结束。在铃铛响起来以后，眼下的问题往往就得放下了。

当然，针对这些不正常的状态，很可能也没有什么好的替代方案。

如果教师在开始下一项活动之前总是等待学生结束自己的工作，学校工作日就会变得无比冗长。因此，尽管这意味着对于至少一部分学生的自发兴趣和需求的干扰，但看起来也没有什么别的替代方案，只能按照时钟停下一件事、开始另外一件。

与这种普遍的干扰和打断相关，学校生活的另外一个方面是被学生无视的那些包裹着他们的众多命令。在小学课堂上，学生经常收到要在座位上完成的作业，并被要求集中注意力。尽管没有公开反对，但在处理个别作业期间是不允许学生交头接耳的。在这种情况下，教师一般会告诫说："自己做自己的，别理会别人。"

因此，在某种意义上，这时候的学生得假装自己是孤独的，尽管他们事实上并非如此。他们得对别人视而不见，专心致志盯着自己的作业。事实上，在小学低年级，经常可以看到孩子们围着桌子团团坐定，但是教师不准他们说话。若要扮演一个成功的学生，这些孩子就必须学会在人群中保持孤独。

成年人面对的这种社会性孤独是如此频繁，以至于他们很容易忽略这种孤独对于小学课堂的特殊重要性。我们早就学会了在工厂和办公室里只关心自己的事、在图书馆内保持安静、在驾驶公共交通工具时心无旁骛。然而，与这些场所相比，教室有两个重要的不同。第一，除了开学头几天，教室可不是一群陌生人临时聚会的地方。这里是一群彼此熟悉的人，有时候他们之间还会建立友谊。第二，与其他环境不一样，学生进入教室并非出于自愿。无论乐意与否，学生们都得待在这里，他们要专心学习的东西往往也不是自己的选择。因此，在教室当中彼此进行交流的需要，要比在另外一些人群聚集的场合强烈得多。

这就是学校生活并未明言的四项特征：延迟、否定、打断和社会隔离。每一项特征都部分来源于课堂生活的拥挤条件。二十或三十个孩子必须在同一个有限的空间里一起生活、一起学习，每天待上五六个小时。这时候，所有我们刚刚讨论过的这些就都是无可避免的了。尽管说出这些事可能也只是徒劳，但是它们无处不在的特点让我们根本无法忽视它们。有一个选择就是去研究教师和学生如何应对这些生活事实，并去发现这些应对策略带来了什么。

第一，我们得意识到刚刚描述的这些条件的严重性，实际上部分来源于某些社会传统、制度化的政策以及暂时的匮乏。在有些学校这样的例行公事要松散一些，在另外一些学校则要更加严格。在有的教室几乎所有时间都不允许学生说话，而在另外一些教室低声说话是被默许的。有的教室有四十个学生甚至更多，而在同样的年级有的教室里只有二十个甚至更少的学生。对于学生的举手，有的教师响应得慢一些，另外一些教师总是很快。有的教室里配备了几把大剪刀，有的教室里只有一把。

尽管有这些不同，但是没有哪间教室没有我们刚才讨论的这些现象。更大的空间、更多的资源、对于规则的自由开放的态度都可能减轻由拥挤的人群带来的压力，但是一定不会从根本上消除它们。事实上，当前这些分析所基于的大部分观察，都是在所谓优质学校里完成的。这里的教师对于自己的"进步"教育观念还很是感到自豪呢。

第二，在关注学生的应对方式时，我们可能马上就会认识到，个别学生的应对策略总是个性化的。换句话说，我们并不能预测个别学生会如何应对那些加在他身上的东西。我们只能识别出来大量学生经常采用的一些主要的适应方式。

在无数美德中最重要的一项可以被概括为一个词，那就是耐心。对于那些必须把时间花在监狱、工厂、办公室以及学校的人们来说，如果缺乏这种品质，那么生活就很有可能变成一场悲剧。在这些地方，参与者都必须"学会劳作，同时学会等待"。在某种程度上，他们必须学会默默忍受。人们希望他们对此安之若素。换句话说，就是不断延迟、否定以及中止自己的希望与需求。

但是，耐心可能更多的是一种道德品质，而不是一种适应策略。这描述了一个人现在"是"什么样，而不是他现在怎么"做"。另外，我们问一个人如何变得耐心，只是在说他怎么努力去获得允许。很明显，耐心是由一个人不做什么而不是做了什么来决定的。这个人得学会克制大声呼喊或者抱怨的冲动，尽管有时候这种冲动的确很强烈。因此，耐心主要就意味着控制冲动或者忽略冲动。

回到学校情境上来，我们看到要想平静地面对课堂生活，学生们就必须变得耐心。这就意味着他们必须忽略自己行动时的感受，至少暂时忽略掉它。当然，这也意味着在条件适当的时候，他们必须重新关注自己的感受和行动。换句话说，学生们必须耐心等待轮到自己。在这么做的时候，他们必须克制自己渴望参与的热情，他们必须接受在集中讨论时没有被点到名的事实，而且他们还得继续充当心甘情愿的参与者。

因此，被称为耐心的那种个人品质对于应对课堂生活来说是有必要的，有时甚至可以认为是很宝贵的。它体现了两种相反倾向之间的平衡：一方面，想要根据自身愿望去行动，想要脱口说出答案，想要冲到第一排去，或者在自己被打断时表达自己的愤怒；另一方面，放弃自己的愿望，不再想着参与讨论，在队伍很长的时候不去喝水，或者完全无视那些不断出现的干扰。

个别学生能否在冲动行为和冷漠的退缩行为之间取得理想的平衡，部分取决于每个人的个性品质，这已经超出了我们的讨论范围。大多数课堂都有强有力的社会制裁措施，用来强迫学生保持耐心。如果他听从自己的冲动不排队，那么他的同学们就会说他自私或者爱出风头。如果他表现出一种全然的退缩，那么教师就会要求他积极一点。

教师和同学们一道帮助某个学生按规则行事，这并不意味着命令本身就能够被忽略。不管他能多么成功地应付这些问题，无论是以被迫的、自愿的还是别的什么方式，都是在帮助这个小学生应对一个人口密度极高的社会世界。就像课程专家和教育技术专家尝试去试验新的课程内容和新的技术装置那样，课堂里的拥挤人群的确可能带来麻烦。但是，事情就是这样，当学生在一定程度上就意味着学会接纳这样的生活。

三

在上学之前，每个孩子就已经熟悉了失败的痛苦和成功的喜悦，但是他的成功或者失败都还不是"官方"的。从那时候起，一个半官方的关于他的进步的记录就逐步累积起来了。作为学生，他必须学会适应这些连续的、普遍的评价，这会一直伴随他的整个学校生涯。于是，评价就构成了小学生活的另外一个重要方面。

就像我们都了解的那样，学校不是唯一一个能让学生意识到自身优缺点的地方。在家里父母会评价他，在操场上朋友们会评价他。教室里的评价过程与这些相当不同。学校的这些评价给学生们展现了一系列独特的、必须适应的要求。

在学校和其他情境的评价之间最重要的差别在于，学校里的测验更加频繁。事实上，除了当兵或者别的特定类型的职业以外，大多数人在自己的学校生活之外很少再次面对考试。[①] 考试就像教科书或粉笔一样，是学校独有的。

尽管测验是教育评价的典型形式，却完全不是教育过程的一部分。事实上，尽管低年级也有评价，但是几乎没有正式的考试。因此，这些正式的评价程序不足以解释那些从低年级开始就弥漫在教室里的评价氛围。这里面包含更丰富的因素。

发生在教室里的评价，其动态过程很难描述，这主要是因为它们太复杂了。评价有不同来源，沟通评价结果的方式也可能因情况不同而差异巨大。评价可能有一个或多个参考标准，评价既可能相当正面也可能相当负面。此外，这些变化所参考的还只是客观的或非个人的

---

① 当然，在报刊上会有一些人们喜闻乐见的测试。但是，这样的测试其实只适合说是"考着玩的"。和学校里这些真正的考试比起来，它们根本不会带来什么后果。

特征。当我们考虑这些事件的主观或者个人意义时，图像就会变得更加复杂。所幸的是，出于当前的讨论目的，我们只需要关注学生评价经验更客观的方面就可以了。

课堂评价明显来源于教师。他要不停地对学生的作业和行为做出判断，然后把自己的判断告诉学生和其他人。教师花了如此多的时间来履行这项职责。对此，任何曾经观察过小学课堂的人都不可能没有深刻的印象。在大多数课堂上，学生对于事情是对是错、是好是坏、是可爱还是丑陋的认识，主要都是基于教师告诉他们的话。

但是，教师不是唯一传递判断的人。同学们也经常参与到评价这件事情上来。有时候教师会问："谁能帮帮比利？"或者"雪莉念这首诗的时候，有没有带足够的感情？"①这时候，全班就不可避免地参与到对个别同学作业的评价上来了。在另外一些时候，评价是在教师没有做任何推动的情况下出现的，这就好比一个低级错误会引发哄堂大笑或者一个出色的表现会赢得由衷的掌声一样。

教室里还有第三个评价来源，比教师和学生的正面评价、负面评价更加难以描述。这类评价包含自我判断，是在没有任何外部评价干扰的情况下出现的。当一个学生在拼写测验中一个字也写不出来的时候，即使教师根本没看过这张卷子，他也已经被自己的失败评价过了。当一个孩子在黑板上做题的时候，他可能早就知道自己的答案是对的，

---

① 人类学家朱尔斯·亨利（Jules Henry）在几个小学教室里发现了他所说的"迫害综合征"。这个症状的核心就是，学生们在教师的怂恿下彼此做负面评价。参看：Jules Henry, "Attitude Organization in Elementary School Classrooms," *American Journal of Orthopsychiatry*，1957(1)，pp. 117-133.

哪怕教师并没有告诉他这一点。因此，学生们在做测验、完成家庭作业、处理黑板上的练习题的时候，都不可避免地会获得一些关于自身表现的信息。这种信息不见得总是对的，很可能要在随后加以修正。很显然，并不是每个自以为正确的人，就真的找到了正确答案。但是，即使有关自身表现的信息是错误的，这种基于错误信息的自我评价也依旧会发挥作用。

传递评价结果的方式进一步增大了学生面对的各种要求的复杂性。例如，他很快就会认识到，一些关于他和他的学习的重要决定完全不会告诉他。其中的一些"秘密"判断会告诉家长；另外一些，比如智商以及人格测试结果，会交给学校官方来保管。来自同伴群体的评价往往通过小声嘀咕的方式在班级里流传，并且通过"告密"的方式报告给教室里的老大。学生很快就要面对这样的事实——关于他的事有许多都是在背后说的。

学生意识到的各种评价带着不同的隐私程度被报告出来。一种极端的形式就是在全班同学面前做公开点评。尤其是在小学课堂上，学生们会在自己同学面前接受表扬或者训诫。完美的作业或者一幅"好"画有时会被展示给全体同学观看。错误的行为会带来负面制裁，比如责骂、隔离、驱逐出教室等等。这些都经常可以见得到。学校生活开始后不久，大多数班级里的"好"学生和"坏"学生身份就已经众所周知了。

在教师单独与学生讨论作业的时候，有一种更不公开的评价形式。有时候学生会被叫到教师的桌子那边，有时候教师会在屋子里走一圈，在别的孩子做作业时与个别学生谈一谈。然而，这种看起来私密的对话常常会被偷听到。因此，尽管很难证明，但是一个离得最近的同学很可能会比别人更明白教师对这个同学的评价。

与口语相比，书面评语是一种更私密的传递评价结果的方式。在学生作业空白处写下的评语是一种常见的书面评价形式。这种评价的一个变体是学生在作业本或教科书上做的自测题，这时候根本不用把分数报告给任何人听。在这类情况下，学生要独自面对针对他的学习评价。

从逻辑上来说，课堂评价可能会被认为就是要关注学生在教育目标上取得的成就。而且，这种限定至今显然还是被大多数官方评价所坚持的，也就是通知家长并且进入学校记录的那些评价。但是，在小学课堂上，至少还有两种评价参照物经常出现：一是评价学生对于学校期望的适应程度，一是评价学生对于某些个性特点的获得状况。事实上，教师和学生的笑容与皱眉头提供了很多学生行为方面的边缘信息，而它们与学生的学业进步并不相干。此外，就算学生掌握了有关评价目标的知识、技能，他行为的另外一些方面也总会继续接受人们的评价。

每个学童都知道老师有时候会突然变得很生气，而且他们很快都能知道什么会让老师生气。他知道，在大多数课堂上让老师愤怒的东西，并不是错误的答案或别的什么学业失败的信号。违反了学校制度提出的期望，才会让老师真的难以忍受。在通常情况下，教师责骂一个学生，可能不是因为他拼错了一个字，或者不会解那道复杂的长除法。更可能的情况是，这个学生之所以被责骂是因为迟到了，或者是因为太吵了、不服从指挥，又或者是在队伍里打打闹闹。虽然教师偶尔也会因为学生的学业失败而生气，但是孩子们很快就会发现，没有什么是比在做算术期间咯咯笑更能让老师怒不可遏、勃然变色的了。

当然，教师也不是非学术性判断的唯一来源。关于学生个人特点的评价也可能来自他的同学们。学生课堂行为的特点会在他的同伴当中制造某种个人声誉，比如他是聪明蛋还是大笨瓜，是胆小鬼还是呆霸王，是老师心目中的乖宝宝还是普通的家伙，是好玩的还是不好玩的。大多数学生完全了解，他们的行为会得到这类评价，因为他们自己也用同样的方式来评价别人。同学之间的友谊、受欢迎还是不受欢迎，在很大程度上就取决于这样的评价。[①] 这些评价很多时候会直接告诉被评价者，另外一些时候则是通过中间人或者朋友来传达的。还有些评价会很私密，甚至连最要好的朋友也不知道。

教师对学生个人品质的评价通常都有关于这样一些东西，比如一般意义上的智力、动机水平、能不能帮着维持课堂秩序。这些特点一般会以简洁生动的方式记录下来。"约翰尼同学在三年级课程上遇到了困难，但是他很努力。""萨拉同学是个干净整洁、乐观开朗的姑娘，是个好帮手。"又或者，更简单的表达是："威廉同学是好样的。"当然，更

---

① 通过乱糟糟的会议和悄悄传递的小纸条，我们可以看到教室里的这些评价。我们甚至怀疑，友谊是不是由特定品质决定的，或者说这些品质是否就是对于友谊或敌意的一种解释。很多时候学生们几乎在说"我的朋友是好孩子，我的敌人是大话精"，而不是反过来（"好孩子是我的朋友，大话精是我的敌人"）。在大多数教室里，这个道理都讲得通。

大量的是在学校记录当中出现的那些简要描述。一些教师尤其是那些自认为"熟悉心理学"的教师，也会用一些更类似心理病理学的词汇来评价学生。在这方面，攻击性和退缩是最经常被提到的特点。当然，教师也会用到一些一般化的标签，比如"问题儿童""障碍儿童"。

大多数有关学生心理健康水平的评价自然都不会告诉学生，甚至都不会告诉学生家长，更宽泛一些的评价则常常会被公开。在低年级观课时，如果听到教师这样说，那一点都不必感到稀奇："我知道约翰同学是好样的""有人(大家都知道指的是谁)不知道该怎么听话了"，又或者"丽萨同学听得很认真"。

我们把教室里的评价区分为三种，分别针对学业成就、制度适应以及个人品质的获得。但是，这并不能混淆这样的事实，也就是说在许多情况下这三种评价是同时出现的。例如，当一个学生因为正确回答了教师的提问而得到表扬时，可能会被认为是因为他给出了正确答案。但是，很明显的，教师表扬的不仅仅是正确答案本身。如果教师发现一个孩子通过看同桌的卷子知道了正确答案，那么这个学生将得到惩罚而不是表扬。类似地，如果他一知道答案就脱口而出，而不是等待教师点名，那么他也可能得到不同的反应。因此，不仅仅是掌握正确答案，而且还得看获得答案的方式。换句话说，受表扬的只能是以一种预先规定的方式来显示他掌握了这些知识。尽管不直接，但是他得到的表扬同时也是因为他懂得某些事，做了教师想要他做的事，比如会听课、是小组内擅长合作的成员等等。教师的表扬不过是想要诱使学生和那些正在听的人今后努力去做某些事，而不仅仅是重复他已经展示过的那些知识。教师想要鼓励他反复做教师期待的事，比如努力学习、掌握学习内容。一些看起来只与学术性内容相关的评价也是如此。它们内在地包含了许多关于学生行为的"非学术性的"方面。

从字面来看，评价本就包含价值意味。从理论上来说，每一个事物都可以根据它拥有的价值等级得到描述。有一些是正面的，有一些是负面的。有一些非常正面或非常负面，另外一些则并非如此。每个人都知道，课堂上既有正面评价也有负面评价，并且都告诉了学生。教师既责罚也表扬，同学们既称赞也批评。

笑容是不是比皱眉头更经常一些，称赞是不是比批评更多一些，这样的问题部分取决于所讨论的课堂。有的教师就是不爱笑，另一些教师总是在笑。在这个学生和那个学生之间也存在重大差别。有的年轻人受到了更多处罚，同样有的年轻人获得了更多奖励。不同性别之间也有很大差别。从低年级开始，男孩就比女孩更可能触犯制度规则，因此会从教师那里得到更多的控制信息。就像学生个体体验到的那样，所有这些不平等都让我们难以精确描述评价环境。我们有信心的是，大多数学生接受的教室环境同时包含表扬与批评。

因为教师和同学都会评价学生行为，结果就可能出现相反的评价意见。一个行动可能在得到教师表扬的同时受到同伴的批评，反之亦然。这种情况尽管并不常见，但是也时有发生，值得我们评论一番。这种冲突的一个典型案例是在一个二年级教室里观察到的。一个小男孩因为在"创意"舞蹈上表现良好，结果得到了教师的称赞。可是，他的男同学们却取笑他，说他跳得像个娘娘腔。这个例子提醒我们，学生往往会关心口味悬殊的两个受众的认同。作为一种可能性，这也显示了教师和孩子们的同伴在行为认同方面的冲突，这可能比男孩、女孩之间的冲突还要大。在我们这个社会里，许多让教师欣赏的行为，尤其是那些满足了制度期望的行为(例如整齐、安静、清洁)，与女性特质而非男性特质更紧密地联系在一起。

如上所述，为了在教室里生活，孩子们不仅要学会应对这种评价性环境，而且要学会成为这种评价的旁观者，甚至偶尔参与到对他人的评价当中去。学生们除了要适应把自己的优缺点公之于众的生活，还要适应那种目睹自己同学优缺点的生活。这种相互曝光，无可避免地让学生之间发生了比较。这进一步增加了评价的复杂性。

应对评价不只是学生的事，教师和学校中的其他权威也想努力减少伴随表扬和惩罚而来的各种不适。今日主流的教育观念，强调了成功在教学上的价值，以及失败在教学上的诸多缺陷。简言之，我们的学校是强调正面引导的。因此，教师被告知，要关注学生行为当中好的方面、忽略那些不好的方面。事实上，即使学生的回答是错的，今天的教师也可能会表扬他，因为他毕竟还愿意尝试。这种对正面态度的偏好并不意味着负面评价已经在学校里销声匿迹了。但是，如果教师的教育信念有所改变的话，这类负面评价的确会更少一些。

在必须做严厉的评价时，教师往往会对整个班级隐瞒情况。学生会被叫到教师的桌子跟前、在上课前或者放学后开一个一对一的小会、试卷会交还给学生而上面的成绩已经被盖住了，如此等等。有时候，如果评价实在太残酷，就完全不会报告给学生了。例如，学生们很少会被告知自己已经被划归为"学困生"了，或者教师已经怀疑他们有严重的情绪问题了。这样的评价，就像刚刚说过的那样，通常都是各种学校权威要小心保守的秘密。

与传达正面评价结果有关的学校实践和那些与传达负面评价结果有关的实践并不一致。尽管存在某种趋势，希望尽可能多地表扬学生，但是这同样会受制于教师对"公平"和"民主"的渴望。因此，为了让那些能力更差的学生享受到教师的表扬，那些总是答对的学生的完美答案和作业就难免会被忽视了。大部分教师都敏感地意识到，过分表扬一个人会让同学们对这个人产生负面评价，比如说他是"老师的乖宝宝"或者"马屁精"。

尽管通过日常教学实践学生就很容易适应评价，但是他们还有别的工作要做。事实上，这包含三项工作：第一，最明显的是要用争取表扬、避免惩罚的方式来行动。换句话说，他得了解课堂上的反馈系统是如何运作的，然后应用这方面的知识让自己获得更多表扬。第二，尽管程度不一，但是不同学生都乐意把正面评价公开化，同时努力掩盖负面评价。结果，孩子们会骄傲地拿着好成绩的报告单回家；如果成绩不好，那么这份报告单就很容易在半路上被"不小心"弄丢了。第三，努力赢得教师和同学两方面的认同。与另外一些学生相比，有的学生可能会更关注这一点。对他们来说，苦恼的是怎么既当个好学生，又当个好伙伴；既是班级里的尖子生，又继续在同学中间保持威信。

大多数学生很快就会发现，表扬会集中到那些上进的人身上。在学校里，这原则上来说就是去做教师吩咐的事。当然，教师会吩咐很多事，有的吩咐会更容易一点。但是，总体上来说，教师的期望都不会被认为是无理取闹，多数学生都能很好地遵守，以确保自己的教室生活可以多一点表扬。

然而，除极少数情况以外，顺从不会是学生在面对课堂的评价性环境时使用的唯一策略。至少在有的时候，大多数学生的另外一个行为方式是假装失败。简言之，就是通过欺骗来把那些有可能惹恼教师和同学的行为掩藏起来。把学生的这点小小的心思称作"欺骗"可能过于严厉了，这个词可能只适于描述那些看起来更加严重的行为，比如在考试中作弊。但是，这种用法上的限制可能会让欺骗变得过于重要，并且暗示在其他情景下的类似行为是无害的和不值得关注的。

某个学生从自己同桌那里抄袭答案，另一个学生则在教师问哪些人已经完成了作业时胡乱举手，给教师提供了错误的信息。为什么前一个行为要更坏呢？为什么考试作弊就是对于教育规则的更大破坏，会比在社会课的讨论环节假装感兴趣或者在算术课上偷偷瞟一眼漫画要显得更坏呢？可能的答案是，考试成绩更加重要，因为它会永远保存在学生记录当中。这个答案可以说明我们对于不同实践的态度。但是，我们不能忽视这样的事实，在考试中抄答案、在讨论中假装有兴趣、给教师提供错误回答以及各种对被禁止行为的伪装，骨子里都是一样的。每个行为都是在努力避免责难，或者是为了赢得不应得的表扬。与考试作弊相比，在课堂上的这一类努力比我们以为的要更加频繁。学校里的这些努力，就包含学习掩饰自己。

尽管不适合被称作"策略"，但是的确还有另外一种应对评价的办法。这种办法就是把评价去价值化，让评价结果不再重要。采用这个方案的学生既不会服从也不会欺骗，他们学会了如何"耍酷"。他既不会因为成功而自得，也不会因为失败而气馁。在教室里，他唯一在乎的事情可能就是"别惹麻烦"，因此愿意服从教师的最低期望。他之所以愿意做最小程度的服从，只不过是因为惹了麻烦就得跟学校官方或者别的成人有更多瓜葛——这是他努力避免的一种状况。

这里简要描述的这种与学校在情感上的距离感存在两大缺陷。这会让整个过程看起来比事实上要更加合理，并且这里描述的也是某种极端情形。学生们并不会像收集棒球卡或探望一位生病的朋友那样轻易做出决定，因为他们实际上真不愿意成为学校事务的旁观者。实际上，这种参与的匮乏可能有一个他们自己也并未清醒意识到的发展过程。对于这种态度的缓慢发展，学生并没有明确的意识。(这是下一章要讨论的主要话题。)此外，情感上的疏离肯定也不是一种是与否的选择。我们很难把全体学生分为两半，说这些人是参与的、那些人是不参与的。更准确的说法是，所有学生都可能要学会使用心理缓冲区，以此来保护自己免受课堂生活的折磨。任何有过就学经历的人都清楚，有的学生最终会比别人要更加孤傲一些。

在结束课堂评价这个话题之前，有必要考察一下教育讨论中广泛存在的一种分别。这就是在"外部"动机(例如，做作业是为了获得好成绩和老师的表扬)和"内部"动机(例如，做作业是为了获得作业本身提供的乐趣)之间做的区分。人们认为，如果我们想要学生在离开教室以后还能继续学习，聪明的做法是渐渐消除分数和其他"外部"动机的重要性，让学生主要通过学习活动本身得到乐趣。经常被用来说明问题的例子是小孩子学钢琴。在刚开始的时候，可能必须使用一些外部奖惩措施来强迫琴童练习。但是，有希望在一段时间以后，琴童可以通过这些技能本身获得乐趣。这时候，那些外部的奖励和惩罚就都不再那么重要了。

弹钢琴这个例子以及整个外部动机、内部动机概念，都没有考虑到课堂评价本身的复杂性。如果课堂上的奖惩要处理的只是学生有没有完成拼写或者算术，那么无论是教师还是学生的生活都会简单很多。但是，事实很显然要比这复杂得多。

在学术性知识或技能以外，内部动机概念就失去了它的解释力。如何解释那些满足制度期待的行为？当学生想说话的时候，教师却希望他们保持沉默，这时候要诉诸何种类型的内部动机呢？当然，教师也可能会给出一套逻辑严密的说辞，而不仅仅是让这个学生闭嘴。很难想象会有这么一天，学生们在自己想说话时，可以通过沉默获得某种内在的满足。类似的判断同样适用于其他有可能引起教师评价和学生评价的课堂行为。因此，除了少数例外，想要让学生在课堂活动中获得内在满足，将被证明为是一个无法实现的奢望。

四

权力不平等是学生必须适应的课堂生活的第三项特征。学生和教师在权威方面的差异与课堂生活的评价特征明显有关。但是，这种差异的影响所及可不只是表扬和批评的分配。它实际上还决定了课堂的基本社会结构，与课堂事务中反映出来的自由、特权和责任等更上位的条件有关。

儿童最早要学习的一门课是如何满足他人的愿望。在他了解自己所在的世界以后，新生儿很快就意识到，成人的权威是这个世界的一项重要特征。从家庭来到学校以后，父母的权威逐渐由教师来补充，教师成了他生活中第二重要的成人。但是，在家长早先的那种权威和教师的权威之间，还是有一些重要的差异。为了理解课堂环境的特点，有必要了解这些差异。

家长与孩子的关系、教师与学生的关系，这两者之间的两个主要区分涉及联系的亲密度和持续性。家长和孩子之间的情感联系通常要比教师和学生更为紧密，持续时间也更长。这当然不意味着学生从不会与自己的教师亲近，反之亦然。我们知道，儿童与教师的关系强度有时候能抵得上他与自己爸爸、妈妈的关系。我们也知道，教师偶尔也会被吸引，去用一种高度个人化的方式来对待个别学生。但是，与家庭相比，教室里的主要关系还是相当非个人化的。

与家庭相比，教室里亲密关系的削弱不仅涉及参与者的情感强度，而且涉及参与者在彼此面前以各种姿态和伪装呈现时的暴露程度。家庭成员了解彼此的身体和心理，这种彼此了解的方式在课堂中几乎不可能发生。同时，家庭成员也用别的群体成员没有的方式来分享个人生活经历。结果，父母和儿童比教师和学生更可能出现那种完完全全的熟悉感。

教师和学生关系的相对非个人性和狭隘性，影响到权威在课堂上的应用方式。在这里，学生得学会遵守那些并不熟悉也并不亲密的成人制定的规矩。在儿童生活当中，能带来个人影响的权力第一次被交由陌生人去行使。

在父母权威和教师权威之间的主要差异，或许就在于应用这种权威的目的(尽管这项差异不是最明显的)。总体来说，家长应用权威基本上是为了约束孩子。至少在孩子的幼年时期，家长主要关心的是去禁止某些行为，是要告诉孩子们不能做什么。在学龄前时期，家长权威的标志就是"住手"以及"不准"。这种权威的首要目标是限制自然冲动和自发兴趣，尤其是那些冲动和兴趣会危及儿童安全或者毁坏一些价值高昂的财物时。婴儿的游戏护栏是这类权威的标志。孩子们从早年开始，就得学会接受它。这种独特的育儿装备，对于儿童的活动范围当然有所限制。但是，在此范围内，他们就几乎可以做任何想做的事情了。

与此不同，教师权威既是指导性的也是限制性的。教师关心的是给学生布置作业，而不仅仅是控制那些不想要的行为。他们的权威同样以"住手"和"不准"为特征。就像游戏护栏是父母权威的标记一样，桌子是教师发布命令的标记。桌子不仅仅代表活动的限制范围，而且是专门为了小范围活动设计出来的。坐在座位上就表示自己准备就绪了，教师会来告诉他们接下来要做什么。

教师权威的核心是对学生注意力方面的要求。在教室里，人们总是期望学生会关注特定的事情。教师的大部分精力就用来确保事实上的确如此。在家庭当中，孩子们得学会住手。在学校，孩子们也得学会如何听、如何看。

另一种对教师权威的观察关注的是取代过程。通过这个过程，教师的行动方案取代了学生自己的行动方案。当学生执行教师交代他们做的事情时，他们实际上是为了迎合别人的方案(教师的)，放弃了另一套方案(学生自己的)。当然，这两套方案有时并不冲突，甚至有可能很相似。但是，在另外一些时候，被放弃的行动与教师要求的行动之间根本没有什么相似性。教师和学生在行动方案上缺乏相似性，这是造成一部分学生课堂适应困难的重要原因。这两件事之间的关联当然没有这么简单。要点在于，即使会伤害自己，学生也得尽心尽力满足教师的愿望，而不是他们自己的。

工作和游戏的区分对于人类事务影响深远。课堂就是一个大多数人以个人化的方式来面对这种区分的场所。在众多定义当中，关于工作的一个说法认为，工作就是努力从事那些他人给我们设定的目的性活动。如果没有某种权威关系的约束，我们根本就不会去从事这类活动。学龄前儿童可能会拿工作当游戏，但是他们关于成人工作的幻想往往缺乏一个必要的元素——他们没有某种外部权威系统来告诉他们要做什么，并且要求他们一直做那份工作。借助预定的权威和对于学生注意力的监视，教师给孩子们提供了这种缺失的元素，让工作变得真实起来。尽管他们不接受这个称号，但是教师的确是学生的第一任"老板"。

表面来看，工人似乎就是时刻会被诱惑而放弃自身角色的人。我们假设有别的事是他更乐意去做的，只不过是由于老板在看着、由于他需要钱、由于他听从了良心的召唤，他才继续留下来做这份工。当然，他有时候也会屈服于自己的意愿，或者休假一天，或者在条件实在难以忍受的时候干脆辞掉这份工作。对所有成年人来说，能不能离开工作情境让一份工作和另一份工作产生了巨大差异。但是，每个人都拥有放弃工作的最终特权。任何工人，如果他不喜欢自己的工作，都可以扔下工具走人。他有可能为自己的决定感到懊悔，但总有决定离开的权利。

考虑一下学生的处境吧！如果一个三年级学生打算拒绝那个告诉他何时进校门、何时出校门的打铃系统，那么报复机制很快就会碾压过来了。教师可能会拉响警报，让这套报复系统运转起来。这个事实让我们开始注意教师权威应用的一个重要侧面。就像已经说过的那样，学校与所谓全控机构，比如监狱、精神病院等是类似的。在其中，客户(学生)并非出于自愿，而另外的亚群体(工作人员)则有更大的行动自由。其中，最重要的自由是，工作人员有离开机构的终极自由。在这种环境下，退出机会通常是由那些特权人士来把持的，无论这种"把持"是象征意义上的还是字面上的。同样，教师也可能不喜欢这个描述，抗议说自己在建设"民主"课堂。但是，教师的责任实在与监狱里的狱警有异曲同工之处。"新式"监狱和大多数课堂一样，身处其中的"居民"也都享有一定的自由，但是这种自由当然有其限度。两类机构都允许居民办一场圣诞晚会，但是都不会允许居民们计划一次"休假"。

教师和学生权力差异的严重性，会因为学校政策和教师个人偏好的不同得到强化或者削弱。所谓传统机构和进步机构之间的差异，在很大程度上取决于教师权威的应用方式。例如，在有的学校，当教师走进教室的时候会要求学生起立；而在另外一些学校，则鼓励学生直接用名字来称呼教师①。在一些学校，学生很少有机会或者根本没有机会参与决定课程内容；而在另外一些学校，则会把学生参与课程设计作为其中的一部分，以增进学生经验的"意义"。但是，即使是在最进步的环境当中，教师也会附加许多控制，学生往往也能意识到自己所在位置的核心程度和权力大小。哪怕是一年级学生都知道，教师不在的时候会有人代课，而学生不在就不需要找人代学了。

在最理想的状况下，人们期望儿童适应教师权威，成为"好孩子"和"模范学生"。并且，大体上来说这种理想状况往往更接近于现实。上课时，大多数学生被要求去克制自己的个人幻想，专心去看、专心去听。而且，这种顺从教育权威的能力，今后还会变得更加重要，因为学生将会在许多校外环境中被要求去应用这项能力。对于那些一早就发展了很好的"学习习惯"的人来说，从教室到工厂或者从教室到办公室的转换会更加容易。

可是，并非所有学生都会成为好学生。而且，即使是真正的好学生，有时候也会被迫在背后干一些坏事以对抗教师的权威。在类似课堂这样非常不平等的条件下，难免会出现两种策略：第一种是寻找特

---

① 译者注：在英语语境当中，用名而非姓来称呼对方时，常表示交谈双方的关系比较亲密。例如，对于菲利普·W. 杰克逊，我们一般会称其为杰克逊教授。但是，对于他的家人和朋友们来说，则有可能称呼他为菲利普或者干脆叫他菲尔。

别的嗜好。在极权机构中管理自己生活的一种方式是在业余时间靠近权力源头，用一种被权威赞赏的方式来行动。在极权程度更甚、更具讽刺意味的极端情况下，这个策略就会包含奉承、虚假的恭维以及其他形式的不诚实。这些极端的实践，总的来说可以称其为"拍马屁"。这往往还会伴以一种愤世嫉俗或者自我仇视的感受。更温和一点的变体，包括仅仅是保持"友善"以及"留一个好印象"。在成人社会，这个策略可能就是带老板到自己家用午饭。与给老板准备的午饭类似，在教室里更常见的方式就是给教师带个苹果。

第二种策略，在某种方式上与第一种策略恰恰相反，包括隐藏一些可能会让权威不高兴的言行举止。这既包括营造好印象的努力，也包括努力避免坏印象。就像有的学生会花心思取悦教师一样，另外一些学生则会设法避免让教师不高兴。在极权机构当中，秘密往往与权威结构相对应，或者至少是部分相对应。学校内的情况也是如此。教师对自己的校长保密，学生对自己的教师保密。但是，不是所有这些秘密都一定是为了避免权威人物的负面评价。有时候，保守秘密仅仅是为了争取制度特权。例如，一位教师问学生早晨有没有喝水，学生不诚实地回答说"没有"。这不是因为一个可信的答案会激怒教师，而是因为如果诚实回答就没有再次去喝水的机会了。教室里出现的这样那样的借口往往都是如此。

这些压制性的权力应用方式违背了我们的民主理想。当我们把它当作课堂上的一种常见状况来谈论时，很难不引起人们的关注。"服从"和"独立"往往被认为是一对相反的概念。在我们这个社会，"独立"

而非"服从"常常被认为是我们的学校教育目标。因此，我们往往会低估或者根本没有意识到，人们对于让学生服从他人的愿望有多么强烈。当我们注意到这类事情的时候，通常的反应都会是惊慌。

然而，服从和温顺的习惯在其他环境中却会带来高额回报。课堂的权力结构与工厂或办公室并没有太大的不同，成年人花费了如此多的时间待在这些随处可见的机构当中。这样看来，学校的确可以被认为是在为生活做准备，当然这不同于教师在使用这个口号时的通常用法。与别的地方一样，学校里也有权力滥用。但是，权力滥用是一个生活事实，是一个我们必须去适应的生活事实。这个适应过程在每个人的早年生活时期就已经开始了。而且，对于大多数人来说，这个过程在我们进入幼儿园之后就明显开始加速了。

五

就像本章标题暗示的那样，人群、表扬和权力结合在一起，让群体性的课堂生活带上了某种独特的风味。这构成了一种隐形课程(hidden curriculum)。要想顺利完成学校生活，每位学生和教师都必须掌握它。课堂生活的这些特征提出的要求，可能与学术性要求也就是官方课程(official curriculum)相对立。而正是这些官方课程，在过去一直得到了更多关注。正如我们想象的那样，这两种课程通过一些重要的方式彼此勾连在一起。

正如在讨论教室当中的表扬问题时我们已经假设过的那样，学校的奖赏系统是与学生在这两种课程上的成功联系在一起的。事实上，许多初看起来是基于学业成败的奖惩，实际上与隐形课程的掌握程度更加相关。例如，给一个学生机会让他去尝试，这种情况在教学中很常见。当教师说一个学生在尝试完成这份作业的时候，他是什么意思呢？他们其实是在说，这个学生服从了这个情境期望的程序，比如他完成了作业(尽管不正确)、他在讨论时举了手(尽管他总是回答错误)、他在个别学习时间专心看书(尽管他好像没怎么翻书)。换句话说，他是一个"模范"学生，尽管并不一定学得很成功。

今天，人们很难想象有哪位教师会给一个努力向学的学生打不及格，即使这个学生掌握的学科内容的确很少。这在小学尤其如此。事实上，即使是在教育的更高阶段，给顺从者和能干者的奖赏也往往一样多。当然，许多毕业生代表和社团领袖的成功，往往既是因为过人的心智能力，也是因为服从制度。尽管这让我们在情感上觉得不舒服，但毫无疑问的是，那个明眸皓齿的小女孩之所以能在毕业典礼当天有机会激动地站在校长面前，部分是因为她打印的周计划很整洁并且总是准时交作业。

这种谈论教育问题的方式看起来有些玩世不恭。而且，这也容易被解读为对教师的批评，或者被认为是要整个地颠覆整洁、守时以及礼貌等行为。实际上，这都不是我想要做的。我的意图很简单，只是要指出学校和监狱的秘诀其实一样，它们都是赏罚分明的所在。

就像服从机构的期望会带来奖赏一样，不服从就会带来麻烦。事实上，隐形课程对学业失败的影响要比对学业成功的影响更大。例如，我们可以想一想在课堂上引起训诫的那些行为。为什么教师要责骂学生？是因为学生给了错误回答吗？是因为他没有掌握复杂的长除法吗？通常都不是这样。相反，学生们往往会因为迟到、吵闹或者没有听从教师的指示、在排队时打打闹闹而受到责骂。换句话说，让教师发脾气的主要原因是学生违反了机构的规则和习惯，而不是他们在学识上的缺陷。

即使是会带来学业失败的那些更严重的困难，对于隐形课程的要求也同样蕴含其中。当约翰尼的父母因为孩子算术不够好而被喊到学校来的时候，对于他们孩子的糟糕表现的解释是什么呢？教师通常抱怨的是约翰尼同学的学习动机存在缺陷，而不是他在学识上有什么欠缺。教师甚至有可能说，约翰尼对算术环节完全不感兴趣。那么，这话是什么意思？这意味着约翰尼甚至都不愿意去尝试一下。就好像我们已经看到的那样，不愿意尝试通常被归结为不能满足机构的期望、不能掌握隐形课程。

编制测验的人知道，有的学生摸到了窍门、善于答题，他们逢考必过，但又并不是真的懂得所考的内容。类似的，有的人晓得该怎么做，就可以在应对各种官方或非官方的要求时尽量少地体验痛苦。对于这等人，我们可以称其为"学校赢家""教师宠儿"。就像考试内容一样，学校也有自己的规则和习俗，只有通过持续的接触才能掌握。但是，就像面对考试时的情况一样，不是所有学生都同样聪慧、敏捷。所有人都要做出反应，但并不是每个人都能够掌握游戏规则。

把课堂中的课程区分为两类是一个有用的思考方式。这时，一个很自然的问题就是去询问这两类课程之间的联系，看一看掌握这两类课程是会带来和谐还是矛盾的个人特质。关于成绩和对机构期许的服从，学生是不是付出了同样大的努力？这个问题看起来没有什么固定答案，但是它仍旧可以激发我们去思考。而且，即使是做一点点简单的思考，也都能引发深刻的教育学议题和心理学议题。

我们可能会四平八稳地预测说，无论是在学识方面的需求还是机构的期望，共通能力(或者说是智力)对于满足学校生活的这两方面需求都是有帮助的。例如，儿童理解因果关系的能力既可以用于掌握课堂生活的规则和习俗，也可以用来学习植物化学的基本原理。他能言善辩，这既可能用于诓骗老师，也可能用于写作。课堂生活要求理性思考，因此智力水平高的学生总是占优势。

但是，为了适应复杂情况，需要的不仅仅是能力。学生同时还需要依靠态度、价值观以及生活方式，这些一般可以用"个性"这个词来概括。当我们考虑个性对于适应策略的贡献时，老话说的"越多越好"就不适用了。(当然，在讨论共通能力方面，这句话仍旧是恰当的。)在一种情境下没有什么用的个性特点，在另一种情境下却可能是决定性的。事实上，即使是同一种情境，也可能要求一些相互竞争甚至冲突的个性倾向。

我们已经看到，课堂生活的许多特征都要求学生耐心(这是好的一面)或者放弃(这是坏的一面)。在学习学校生活的过程中，学生们学会了克制自己的意愿以服从教师的意志，约束自己的行动以顾及群体的利益。他开始变得消极，学会对自己卷入的各种规则、习俗、程序编织的巨网采取默认的态度。他学会忍受一个个小小的挫折，学会去接受更高层权威的方针政策，即使其中的原理没有得到说明、其中的意义完全无法理解也无所谓。就像别的大多数机构的成员一样，他也学会了耸耸肩，然后说："事情总是这样，没办法。"

但是，对于掌握知识来说至关重要的个人品质，与优秀员工的特点很不一样。例如，好奇心是所有学者的共同特征，但是对于满足服从的需求来说就没有什么用处。好奇的人往往会努力去调查、去尝试、去探索，这与消极服从者的特点正好相反。学者们必须发展出一种挑战权威、质疑传统价值的习惯。他们必须坚持去解释那些尚不清楚的事物。学者当然也要服从纪律，但是这种纪律服务的是学术要求，而不是其他人的希望和要求。简言之，理智方面的自主要求各种形式的突破，而不是屈服于各种限制。

这样简单的讨论可能夸大了服从机构需要和服从学术需求之间的差异，但是它的确引起了我们对于各种可能冲突的关注。这两组要求之间有哪些不匹配？它们可以被同一个人掌握吗？回答显然是肯定的。我们的学生会主席以及毕业生代表，当然不都是意志薄弱之辈、不都是教师的乖宝宝或者学业上的尤赖亚·希普(Uriah Heep)①。许多学生显然是在努力保持自己在学业方面的进取心，同时又默认了校内的各种真正起作用的行为法则。在一定的条件下，这当然有可能培养出"御

---

① 译者注：尤赖亚·希普是查尔斯·狄更斯(Charles Dickens)的小说《大卫·科波菲尔》(*David Copperfield*)中的人物，他的名字被视为"伪君子"的代名词。《大卫·科波菲尔》又译作《块肉余生述》(林纾译)、《大卫·考坡菲》(张谷若译)等。

用学者"(尽管这个表达在字面上是自相矛盾的）。事实上，当服从机构的要求达到极端状况的时候，也仍旧有某种特殊类型的学问在修道院当中蓬勃发展。

不幸的是，没有谁知道该怎么保持平衡，甚至不知道怎么着手建立这种平衡。更不幸的是，学校方面很少有人（或者干脆就没有人）会严肃思考这些问题。那么，怎样才能在追求个性表达和迎合他人需求之间求得一个合理的平衡呢？当机构设置越来越繁杂，当这种机构成为越来越多人生命中的重要组成部分的时候，对这个问题我们就更需要多一点了解了。对于课堂上发生的事情的认识，或许会对于建立这种平衡有重要贡献。学校是家庭以外最重要的机构，我们几乎所有人都是沉浸其中的。从幼儿园起，学生们就开始学习在这里生活会是个什么样子了。

本章讨论的课堂生活向教师和学生都提出了问题。就像我们已经看到的，有很多种不同的方式来应对这些需求、化解这些需求造成的问题。同时，每一个重要的适应策略都会得到巧妙的转换、得到某种独特的表达，成为使用它的学生的独特个性的结果。因此，就像在个别学生的行为当中表现出来的那样，对学校的适应在整体上表现为一幅极端复杂的图像。

但是，在个体创造的这些复杂性背后仍旧存在共性。有一种策略是面向所有人的，而不管这个人正在面临何种需求、拥有何种资源。这个策略就是心理上的退缩，也就是逐渐减少个人关注和参与。其结果是，无论是这些需求本身，还是个体应对需求的结果，都不再能被感知到了。第三章将会聚焦于这种普遍适用的"超然"策略在教室当中的应用。为了更好地理解学生的策略，有必要去思考一下产生这些策略的舆论背景。在关注学生的课堂行为以前，让我们先来研究一下学生的学校感受吧。

/第二章　学生的学校感受/

> 真正的问题在于，让学童经年在莫名恐惧和迷蒙误解中生活是否仍旧算常态。可是，要了解儿童的真实感受和想法，人们确实会遇到极大的困难。一个表面上看来很有理由幸福的孩子，实际上可能正在承受恐惧而又无法表达或者不会暴露出来。[①]
>
> ——乔治·奥威尔

第一章强调了课堂生活的重复、因循和强迫的一面，这很可能会给人一种印象，以为学校是一个让人喜欢不起来的地方。对于一部分学生来说，或者在一段时间内，事情的确就是这样的。但是，正如已经说过的那样，我们知道另外一些人会觉得课堂是一个令人高兴和兴奋的地方。对于自己的学生生涯，学生们的感受是多么不同啊！以什么样的感受为主，是正面的还是负面的？另外，学生态度在教育上有什么重要性？教师们是否了解哪些学生满意、哪些学生不满意？而且，即使教师可以分得清，他们有必要这么做吗？学生的学校态度和他们的学业表现是不是紧密联系在一起的？

---

① George Orwell，"Such Were the Days," in *A Collection of Essays by George Orwell*，New York，Doubleday，1954，pp. 17-18.

尽管听起来简单明了，但这些问题实际上很难回答。此外，尽管在表面上看起来这些问题很明白又很重要，但是并不是每个问题都会得到教师和研究者的认真对待。结果，在尝试回答这些问题时，我们就只能止步于零碎的证据，而不是确实的发现。我们甚至要把主观意见当成客观事实。

一

许多歌曲和故事都表现过校园生活，尤其是低年级的苦与乐。"校园啊，校园啊，循规蹈矩的岁月啊。"当我们哼唱这样的歌词时，一股甜蜜的乡愁悄然爬上了我们的心头。但是，带着某种特有的率真，莎士比亚提醒我们，不是所有的日子都阳光明媚，因为"那个带着书包、朝气蓬勃的男孩，满脸不情愿，磨磨唧唧不想去学校"①。如果检索下

---

① 译者注：这句话出自莎士比亚的喜剧《皆大欢喜》（*As You Like It*）第二幕第七场。原出处包含了对于人生的完整描述："全世界是一个舞台，所有的男男女女不过是一些演员；他们都有下场的时候，也都有上场的时候。一个人的一生中扮演着好几个角色，他的表演可以分为七个时期。最初是婴孩，在保姆的怀中啼哭呕吐。然后是背着书包，满脸红光的学童，像蜗牛一样慢吞吞地拖着脚步，不情愿地呜咽着上学堂。然后是情人，像炉灶一样叹着气，写了一首悲哀的歌篇咏着他恋人的眉毛。然后是一个军人，满口发着古怪的誓，胡须长得像豹须一样，爱惜着名誉，动不动就要打架儿，在炮口上寻求着泡沫一样的荣名。然后是法官，胖胖圆圆的肚子塞满了阉鸡，凛然的眼光，整洁的胡须，满嘴都是些格言和老生常谈；他也扮了他的一个角色。第六个时期变成了精瘦的跋着拖鞋的龙钟老叟，鼻子上架着眼镜，腰边悬着钱袋；他那小小心心省下来的年青时候的长袜子套在他的皱瘪的小腿上宽大异常；他那朗朗的男子的口音又变成了孩子似的尖声，像是吹着风笛和哨子。终结着这段古怪的多事的历史的最后一场，是孩提时代的再现，全然的遗忘，没有牙齿，没有眼睛，没有口味，没有一切。"（[英]莎士比亚：《皆大欢喜》，朱生豪译，38～39 页，北京，中国青年出版社，2014。）

去，那么正反两方面的证据都可以继续增加。换句话说，那些想要描述自己儿时经历的成年人已经表明，对有的人来说教室是天堂，对另外一些人来说教室就是地狱，而对大多数人来说这两个说法都不算错。

在对学校生活的各种负面描述当中，包含两大主题。第一个主题有关恐惧或窘迫的经历，它来自于粗鲁或迟钝的教师和同学。这类报告往往是关于非比寻常的惩罚，或者被当作众人嘲笑的对象。第二个主题关于无聊的感受，这可能来源于无意义的作业，也可能来自课堂外的强大吸引力。在第一类描述当中，叙述者的痛苦往往以公开、尖锐的方式来报告。在第二类描述当中，叙述者往往会说自己是在默默承受痛苦。

异乎寻常的惩罚，尤其是体罚，在今天已经不常见了。在上一代或者更久远以前，这可能更常见。这种变化有两个主要原因。第一，美国有很多州已经设置了法律，限制教师实施体罚。今天的公立学校教师如果出于冲动想要打孩子，那是要冒着违法或者失业的风险的。第二，实施体罚与今日教学实践背后的教育理念相冲突。这是更重要的一项原因。现代教师被要求去理解、去满足学生的需求，保持热忱并提供支援。许多教师愿意接受这一建议，避免严苛的惩罚。当然，并非所有教师都是如此。

为了描述那种现在已经很少见的、让人不舒服的课堂，我们需要转向一些年长者或者在别种文化环境下受教育的人的回忆。乔治·奥威尔的那种狄更斯式的学校教育经历尽管看起来有些极端，但是它与美国上一代或者上两代人接受的小学教育经历相去不远。他们在更晚近的时期经历了一种回避更"开明"哲学的私立学校或者外籍学校。

奥威尔记忆中的学校是这样的：

> 我们会坐在明光锃亮的长桌子旁，硬木的桌子散发着一种惨白的光泽。西姆老师就在那儿敦促我们、威胁我们、教训我们。他有时候也会开开玩笑，偶尔也会表扬那么一两句。但是，总的来说，他是在刺棱我们，一心想让我们的注意力保持恰当的水准，就像拿着大头针去戳一个昏昏欲睡的人。
>
> "继续，你这个懒蛋！继续，你这个白痴！没用的东西！你们的毛病就是懒，懒到家了。就知道吃！你们吃了那么多肉，结果一上学就要睡。现在给我动起来，要用心！你们根本没动脑子，脑门儿都没汗。"
>
> 他会用那根银色铅笔敲我们的头。记忆当中，那铅笔得有香蕉那么大，而且肯定足够重，能够一下就敲出一个包。他有时候也会揪学生脸颊上的短毛，或者从桌子底下伸出脚来踢学生的胫骨。如果一段时间都事事不顺，他可能就会这样说："好吧，我晓得你们要什么了。你们整个早上都在盼着这个。过来，你们这群没用的懒鬼，到我这边来！"然后，就是咣咣、咣咣一顿打。完事之后，每个人都带着红色的鞭痕和刺痛，坐下来继续学。后来，西姆老师换掉了自己的短鞭子，更喜欢用一根细藤杖。这打起人来更带劲。①

---

① George Orwell, "Such Were the Days," in *A Collection of Essays by George Orwell*, New York, Doubleday, 1954, pp. 17-18.

尽管还可以找到别的例子，但是奥威尔的描述其实已经足够了。这个描述提醒我们，对许多成年人来说，学校生活的回忆往往被他们遇到的那些粗暴、专横的教师打上深深的烙印。没有人知道这样的经历到底有多么常见。但是，在今天的学校当中，这样的经历肯定不常见了。当然，尽管教师不常打学生，但是这并不意味着教室里没有暴力了。胡桃木的教鞭可不是教师唯一能用的武器。从心理的角度来看，这也不是最让人感觉痛苦的一种。无论如何，形式各异的残忍可能都已经不再是今日课堂生活记忆的核心了。尽管对于少数学生来说，这仍有可能是压倒性的主题。

关于课堂生活的第二类让人感到不满的回忆是总感到课堂很无聊。体现这种感受的一个例子是乔治·桑塔亚纳（George Santayana）下面的这段回忆，描述了他在波士顿男子拉丁文学校里的生活：

每间教室有四扇大窗户。侧后方的街道和庭院都很狭窄，而且总是蒙着附近房子或者大楼的阴影。黑板从来都不黑，到处都是过去留下来的粉笔印。你越是用力擦，这些痕迹越明显。桌子上满是陈年的墨水渍，一层一层的字迹和刮痕叠加在一起。在这些空荡荡的脑瓜子里，在那么多无聊的学校时光里，思考的都是些多么无聊的东西啊！就算在最好的学校里，学校时光也都可以说是在浪费。偶尔可以学到点什么，会被牢牢记住。但是，剩下的时间只不过就是给男孩子们长长个子，同时让他们不至于走上歪路。①

　　一份最近的有关课堂生活的无聊图像，对今天的读者们来说可能会更加亲切。在下面这段描述当中，作者回忆了(二十世纪)三十年代中期的美国生活：

　　　　想象一下，你是一个十三岁的少年，你已经看到过广大的世界，但是又不允许你看得更远。你的全部生活就是去探望探望老古董阿姨，星期天开车出去转转，看两三场节目(连续剧外加卡通片什么的)，在街头或者动物园里玩玩棒球，以及大块大块的硬糖、印度口香糖、鞭炮、泰山和稻草人。好了，接下来又到了早晨，又该去那间灰色的监狱(学校)，去面对砖头样的课本、眼光热切的玻璃心女士了。时钟的指针似乎永远也不会动，怕是得过一整个世纪才跳到两点。两个世纪过后，才终于来到三点。最终，铃声响起，你得救了！②

　　关于无聊这个话题，当然可以加上别的例子，但是已经给出来的这两则就已经足够说明问题了：对于许多人来说，学校生活至少是保存在成人记忆中的那部分，往往会被描述为是沉闷乏味的。这些描述和上面关于教师暴行的报告一样真实。但是，同样难以判断的是，这

　　①　George Santayana, *Persons and Places*, New York, Scriber, 1944，p. 154.
　　②　Charles Beaumont，*Remember? Remember?*，New York，Macmillan，1963，p. 49.

些文字描述的感受在一般教室当中到底有多普遍？不过，这种情况显然是经常发生的，以至于听众们一下子就能理解它并且还产生了共鸣。后面章节要讨论的课堂生活的一些特点让我们不禁怀疑，在学校生活中因为无聊而带来的持续的沉闷可能要比文学作品偶尔揭露的东西更加普遍。

为了平衡关于学校生活的记忆，我们必须关注另外一些极端的情况，也就是那些关于课堂生活的美好回忆。要知道，尽管对于一些人来说学校充满痛苦、无聊至极，但是对于另外一些人来说它却是愉悦的、兴奋的。事实上，与学校有关的兴高采烈和绝望沮丧的程度，往往会出现在同一个人的童年记忆当中。一个满心不想上学的孩子，在另外的日子里也可能飞奔着跑去学校。在有关克罗斯盖茨学校生活的黯淡描写之余，奥威尔也不得不承认："只要一个人足够诚实，那么在回顾学校生活时，就没有人能说自己完全不快乐。"[1]

正如奥威尔的经历提醒我们的那样，教师有时候的确会十分残忍或者显得很愚蠢。但是，他们实际上既暴露缺陷，也显示优点。幸运的是，许多学生对于早年际遇的回忆往往充满了欢乐。托马斯·沃尔夫(Thomas Wolfe)在一封信当中赞美了儿时的罗伯特老师。这是一个值得关注的案例，它告诉我们一部分成年人会如何看待自己的学校经历。

---

[1]　George Orwell, "Such Were the Days," in *A Collection of Essays by George Orwell*, New York, Doubleday, 1954, p. 25.

罗伯特老师当日告诉我的东西，对我的生活和思想的几乎每一个方面，都产生了无法估量的影响。

我知道，对于别的同龄男孩子，她也在做同样的事。我们几乎本能地想向她寻求建议和指导。对于她的这些建议和指导，我们坚信不已。

我想这类关系是一个人生命历程当中最为深刻的经验。在我看来，一名好老师和学生的联系，仅次于母亲和儿子之间的联系。事情就是这样。除此以外，我不觉得自己还可以怎么形容。[①]

儿童在校期间会接触到很多教师，不太可能每一位教师或者许多教师都给他们留下了美好的回忆，就像沃尔夫信中表达的这种热爱一般。一个有趣的问题是：到底有多少学生曾经有过这种值得怀念的教育经历？为了让学生在回顾课堂生活时能保留一份美好的回忆，教师的个人影响其实并不需要特别复杂。例如，在下面这段描述当中，连教师的名字都没有出现：

作为新生的那种紧张拘束，我至今仍记忆犹新。从老师进到教室的那一刻起，每一秒钟都变得圣洁起来。老师没有跟我们说什么令人兴奋的事。我们也要背诵功课，老师也会批改我

---

① Thomas Wolfe, "A Letter of Gratitude and Indebtedness," in Claude M. Fuess and Emory S. Basford, *Unseen Harvests*, New York, Macmillan, 1947, p. 438.

们的作业。但我要求的，只不过是希望自己的存在能够得到他们的认可……这些闪光的时刻，会像灯塔那样，在今后每一天里继续指引我。我为那些成年人感到难过——他们平静无奇地过完一周又一周，只是靠着沉闷的周末才能稍有生气。[①]

现在，关于学校和学校教育的极端体验，我们已经获得了一些描述。这些描述个个都饶有趣味，而且共同为学校对我们的持久影响提供了强有力的证据。那么，关于我们花在教室里的成千上万个小时，这些描述到底告诉了我们多少东西呢？可以说，所得甚少。这可能是出于这样几个原因。

对一些人来说堪称乐趣的学校经历，对另外一些人来说却意味着憎恶。在乐趣和憎恶这两种极端体验之间的各种情绪，都有可能被某些学生在某些时刻体验到。尽管如此，更温和的情绪会因为太无趣而很难被人听到。和那些能够抓住读者眼球的情况相比，这类温和情绪不会经常被人提及。另一个偏差的来源是，传记性作品倾向于描述引人瞩目的人物。因此，我们可以从这样的作品当中了解到学校对一小撮作家、著名科学家和政治家们意味着什么。但是，家庭主妇、会计、销售人员的回忆就很少被人出版了。换句话说，我们的确可以了解到一些情况，了解到学校对某个特殊人群或者善于表达的人群意味着什么，但是这些报告的表达仍是不值得信任的。另外，说到底，我们实

---

① Simone deBeauvoir, *Memoirs of a Dutiful Daughter*, New York, Random House, 1963, pp. 66-67.

际上并不能保证在平静的成年期对学校的回忆，对于课堂生活的直接经验可以提供一个值得信赖的图像。正如我们知道的那样，记忆会通过某种方式被时间扭曲。三年级时的那些长长的午后，在二三十年后看来可能就没有那么糟糕。相反，童年时代的许多欢乐却可能因为我们成年以后的许多专门化的娱乐活动而显得乏味起来。

基于这些考虑，在了解学生世界时，明智的做法是避免过分依赖成人的回忆。无论我们多么喜爱这类描述，为了发现课堂生活的真实状况，最好还是转向小孩子们的直接经验。简言之，要趁这些人还身在其中就去联络他们。

奇怪的是，关于小孩子们怎么看待自己的学校经历，我们知之甚少。在今天这个几乎全民都想窥探别人看法的时代，这个事实尤其让人感到惊讶。直到学生们上了高中，我们似乎才开始对了解他们的态度发生兴趣。而到了大学，校园里的调查员就多得和超市里的差不多了。但是，小学生对课堂生活的感受却很少有人关注。

在少数几项相关研究当中，最有趣的一项大约在二十五年前由塞缪尔·特南鲍姆(Samuel Tenenbaum)完成。当时，他是纽约城市高中的一名教师。[①] 特南鲍姆设计了一份包含 20 个题项的问卷，题目内容

---

① 特南鲍姆的研究分四篇文章做了报告。它们是："A Test to Measure a Child's Attitude toward School，Teachers，and Classmate，" *Educational Administration and Supervision*，1940，26，pp. 176-188；"Uncontrolled Expressions of Children's Attitudes toward School，" *Elementary School Journal*，1940(9)，pp. 670-678；"A School Attitude Questionnaire Test Correlated with such Variables as IQ，EQ，Past and Present Grade Marks，Absence and Grade Progress，" *Educational Administration and Supervision*，1941，27，pp. 107-124；"Attitudes of Elementary School Children to School，Teachers，and Classmates，" *Journal of Applied Psychology*，1944(2)，pp. 134-141.

是答题者对学校、老师和同学的态度的直接陈述。下面就是其中一则典型问题：

我在学校里是快乐的。

A. 总是这样　B. 多数时候这样　C. 经常这样　D. 很少这样　E. 从不这样

问卷设计过程看起来足够谨慎。[①] 问卷对纽约市三所学校的 639 名六、七年级学生进行了测试。三所学校分别坐落于该市高中低收入的三个地区。每个学生在填写问卷的同时，还要写一篇作文来回答"你喜欢学校吗"。所有答案都匿名提交，测试现场没有教师或者其他管理人员。

这些作文为特南鲍姆的研究发现提供了最清晰的概括。每一篇作文都经过判断，被归为面对学校的三种态度之一：喜欢、不喜欢、心情矛盾。结果如表 2-1 所示。[②]

这个概括有两个方面需要专门讨论。第一，尽管有大量回答被认为包含了正面感受，但是负面感受的比例也不容忽视。乍看起来，从

---

① 据特南鲍姆报告，该工具的信度系数(内部一致性)为 0.85，关于学校态度的 14 道题的信度系数是 0.91。同时，特南鲍姆还描述了通过将问卷结果与个人访谈结果进行比对来评估问卷有效性的努力。为了准备调查问卷中的问题，由相互独立的不同判断者来分别判断每个问题主要是针对学校、教师还是同学。结果，不同判断者的意见几乎完全一致。

② Samuel Tenenbaum，"Uncontrolled Expressions of Children's Attitudes toward School，" *Elementary School Journal*，1940(9)，pp. 670-678.

表 2-1　学生对"你喜欢学校吗"的回答

回答	男孩	女孩	总计
喜欢学校	48.6%	69.0%	58.8%
不喜欢学校	23.8%	10.3%	17.1%
心情矛盾	27.6%	20.7%	24.1%

这些结果可以得出结论，认为大部分学生喜爱学校。但是，同样有效的结论是，有1/3～1/2的学生对此表示怀疑。第二，与男孩相比，女孩对学校的感受更正面。略低于1/2的男孩有明确的正面感受，女孩的比例则略高于2/3。这一性别差异肯定了大多数人的推测。这一结果在几项研究当中都有出现，是本章以及接下来各章会进一步评论的对象。

特南鲍姆对于学生作文内容的评论为解释这些统计结果提供了进一步的信息。他提到，在学生的反应当中几乎完全忽略了强烈情绪。在他看来，许多反应都是刻板的，服从的是"常规模式"。他同时也指出，这些回答体现了某种成人化的特点。学生作品中的这些特点，让他得出下面这个结论：

> 这份研究表明，除了极少数例外，学生都是极其认真的。他们并不把学校当成一个充满喜悦和快乐的地方。在这里不会出现那种巨大的热情，不会有对学校问题的热烈响应。儿童来到学校时已经很清楚地知道，这将在以后的生活中帮到他们，而学校生活本身是不快乐的。它之所以重要，只是因为它对未

来的承诺。[1]

　　学生在作文中表达的感受，通过问卷本身多可以得到证实。在关于校园生活总体看法的问题上，公开表达不满的学生在20％左右。例如，21％的学生声称"一想到要上学就感到沮丧"；22.2％的学生表示他们"不喜欢学校"（作文中选择"不喜欢"这一组的学生比例是17.1％）；23％的学生说，他们"宁愿去做工，也不要去上学"。有趣的是，当问题是针对老师和同学而不是学校时，不满意这一侧的比例会显著减少。只有8％的学生表示不喜欢自己现在的老师，6％的学生表示不喜欢所有老师。在回答有关同学的问题时也得到了类似的比例。换句话说，学生的多数不满是由学校制度本身，而不是其中的具体人员引起的。

　　和分析作文时的情况一样，在解读学生对问卷的回答时，也应该强调正反两方面的情况。一方面，可以下结论说大多数学生对学校生活都相对满意，或者至少声称自己满意。另一方面，强调少数不满意者的重要性也是一个合理的结论。数据显示，接近20％的学生，或者每个30人的班级当中有接近6名儿童对于课堂生活的价值有强烈的忧虑。[2] 换句话说，问卷结果让人喜忧参半，就看我们从哪个角度去看。

---

　　① 　Samuel Tenenbaum，"Uncontrolled Expressions of Children's Attitudes toward School，"*Elementary School Journal*，1940(9)，pp. 670-678.

　　② 　特南鲍姆进而声称，至少20％的学生"在学校里不快乐、不适应，打算找某种借口逃离学校，或者干脆连借口都不想找"。然而，他提供的数据很难支持这个结论。Samuel Tenenbaum，"Attitudes of Elementary School Children to School，Teachers，and Classmates，"*Journal of Applied Psychology*，1944(2)，pp. 134-141.

尽管存在一种天然的倾向会去强调研究发现中的积极方面或者消极方面，但是仍旧有可能把作文和问卷的结果以某种方式结合起来，来表明大多数学生对于学校生活并没有任何强烈的感受。也就是说，大多数学生可能"喜欢"学校，少量学生"不喜欢"学校，但是前一组学生并不"热爱"学校，后一组学生也并不"痛恨"学校。特南鲍姆的结论为理解学生感受的平淡性提供了线索。他写道：

> 学校是社区当中的一种机构，它受到社会的委托来完成一定的任务。因此，儿童来上学，就是默认要完成这些任务。儿童不是这个机构的批评者而是接受者。尽管成为这个机构的一员，不会让他觉得是一桩多么大的乐事。实际上，他在学校里可能非常不快乐。但是，他无论如何都会觉得这个机构是好的、可取的，是在服务于有价值的目标。看起来，学校只是接受了这种态度，而并不创造了这种态度。来上学之前儿童就已经有了该怎么认识学校的观念，而且想要得到并且认为自己的确已经得到了社区期待学校提供的那些东西。[1]

当然，过分依赖特南鲍姆的数据也有风险。他的研究存在一些明显的缺陷，这让我们在估计多少学生喜欢或不喜欢学校的问题上无法把他的研究发现当作定论。幸运的是，其他两到三名研究者使用了一

---

[1]　Samuel Tenenbaum, "Attitudes of Elementary School Children to School, Teachers, and Classmates," *Journal of Applied Psychology*, 1944(2), pp. 134-141.

些可以与特南鲍姆的程序进行粗略比较的程序，他们报告的研究发现可以和特南鲍姆的发现进行对照。

在报告发表接近 20 年以后，特南鲍姆的问卷被约瑟菲娜修女(Sister Josephina)再次应用。在约瑟菲娜修女的研究当中，研究对象是来自 9 所教区学校的 900 名五至八年级学生。[1] 和最初的设计一样，这些学生被允许匿名作答。尽管学生没有就自己的学校感受写成作文，但是他们对于"我喜欢/不喜欢学校"这个问题的回答也得到了报告(如表 2-2 所示)。

表 2-2　学生对"我喜欢/不喜欢学校"的回答[1]

年级[2]	男孩				女孩			
	5	6	7	8	5	6	7	8
喜欢学校	82%	70%	82%	65%	88%	80%	94.6%	83%
不喜欢学校	15%	29%	17.7%	33.3%	11%	19%	5.3%	16.9%
未作答	2%	0.9%	0%	0.9%	0.9%	1%	0%	0%

注：①改编自 Sister Josephina，"A Study of Attitudes in the Elementary Grades," *Journal of Educational Sociology*，1959(2)，pp. 56-60。
②各年级学生的具体数量没有报告。

除了没有"心情矛盾"这个类型，表 2-2 的信息与特南鲍姆研究中对于学生作文的概括大略一致。与此前的研究一样，学生在整体上对自己的学校经历感到满意。与之前样本中的学生相比，该研究中满意

① Josephina Concannon，"A Study of Attitudes in the Elementary Grades," *Journal of Educational Sociology*，1959(2)，pp. 56-60。

的学生略多。可是，同样有相当比例的学生承认自己不喜欢学校。而且，该比例与之前那份研究中的结果类似。看来，教会学校的学生之所以会有大量正面感受的报告，在很大程度上是因为缺少一个适合的类型来登记矛盾的感受。最后，同样和前一份研究类似，女孩看来比男孩更喜欢学校生活。

关于学生对现在教师的喜爱程度，约瑟菲娜修女发现的结果要比特南鲍姆的更低。对现在的教师，学生表达的最大不满是在八年级发现的。相关的比例，在男孩那里是 3.8％、女孩是 3.7％。在余下较低的三个年级，这个数字分别是五年级 0.8％、六年级 3.3％、七年级 2.5％。女孩的相应数字是 1.8％、1.8％和 0％。一如此前那份研究，这个数据支持了之前的假说，认为引起学生不满的是学校本身而不是个别教师。可惜的是，约瑟菲娜修女只报告了两方面的发现：学生对学校整体上的喜好；以及学生对现在教师的喜好。因为这一点，该研究无法在其他方面和特南鲍姆的研究进行比照。

与此前这项研究相比，第三项研究报告的内容更不充分。该研究由明尼苏达高中校长 L. E. 莱波尔德(L. E. Leipold)完成。[①] 莱波尔德要求自己的全部 273 名九年级学生写一篇作文来回答这样的问题："你喜欢学校吗？为什么？你不喜欢学校吗？为什么？"他对于这些作文的分析被概括为表 2-3。

---

① L. Edmond Leipold，"Children Do Like School，" *Clearing House*，1957（6），pp. 332-334.

表 2-3　学生对"你喜欢学校吗"的回答[①]

回答	男孩[②]	女孩	总计
喜欢学校	70%	81%	75.5%
不喜欢学校	23.4%	14%	18.5%
未作答	6.6%	5%	5.9%

注：①改编自 L. E. Leipold，"Children Do Like School,"*Clearing House*，1957(31)，pp. 332-334。
　　②报告并未给出男孩的比例。但是，假设样本的性别分布比较平均，那么我们就可以通过女孩比例和总体比例来计算出男孩的比例。

来自明尼苏达的学生数据，给我们提供了一个与另外两位研究者完全相同的故事。同样，由于少数心怀不满的人存在，其余的人们会产生巨大的满足感、平衡感，或者至少是缓和的印象。女孩在表达满足感方面再一次超过了男孩。

最后，在芝加哥某郊区收集的数据，再次肯定了之前提及的对学生态度的概述。[①] 这份数据包含六年级学生对学校生活的态度的回答，它同时是一项更为大型的关于学生态度研究的一部分。这个社区的全部六年级学生(共计 9 所公立学校中的 11 个班级的 293 名学生)参与了这项研究。问卷调查在春季学期进行，以便让学生有充分时间来发展和稳定自己的态度。[②]

---

① 数据由哈丽雅特·M. 拉哈登(Henriette M. Lahaderne)女士在我的指导下收集完成。

② 译者注：照我猜测，在春季学期测试可能是为了确保学生先在学校过完秋季学期，这样他们的学校态度可能更加稳定。尤其是对于转学生和新生来说，这个设计会更有价值。

其中对"学生态度测验"(Student Opinion Poll)中的 3 道问题的回答与这里的主题有直接联系，研究发现的其他方面后文再做呈现：第一个问题处理的是学生对学科内容的态度；第二个问题处理的是学校教师的友善程度；第三个问题处理的是学生对学校的总体态度。具体问题和每一种回答的学生比例如表 2-4 所示。

表 2-4　学生对"学生态度测验"中的 3 道问题的回答

问题	男孩 （148 人）	女孩 （145 人）	总计 （293 人）
问题一：学校里的大多数学科			
a. 非常有趣	38.5％	42.8％	40.6％
b. 超过平均水平	35.1％	38.6％	36.9％
c. 低于平均水平	17.6％	13.1％	15.4％
d. 无聊、无趣	8.1％	5.5％	6.8％
问题二：总体来看，这所学校的老师			
a. 非常友善	41.9％	53.8％	47.8％
b. 比较友善	34.5％	35.9％	35.2％
c. 比较不友善	16.2％	7.6％	11.9％
d. 非常不友善	6.1％	2.1％	4.1％
问题三：总体来看，我对学校的感受			
a. 非常喜欢，我喜欢现在这样	35.1％	47.6％	41.3％
b. 比较喜欢，我希望能略做改变	44.6％	40.0％	42.3％
c. 比较不喜欢，我希望能做大量改变	12.2％	9.0％	10.6％
d. 非常不喜欢，我觉得上学是浪费时间	8.1％	3.4％	5.8％

这里的大部分研究发现都可以与已经引用过的这些研究互相印证。给出"负面"回答的这些男孩，在每个问题上的比例范围是从第三题的20.3％到第一题的25.7％。落在"负面"一侧的女孩的比例，范围是从第二题的9.7％到第一题的18.6％。因此，不满意的学生比例与其他研究者报告的结论大致相当。同样，与其他研究中的情况类似，这份研究中的女孩与男孩相比，对于自己的学校经历更少做批评。尤其是关于教师的友善程度，女孩看起来要比男孩更加满意。

这份研究有一项结果与特南鲍姆和约瑟菲娜修女报告的结果有显著差异。后两位研究者发现，学生对于教师的批评要少于对学校总体的批评。但是，在表2-4呈现的六年级学生的回答中，对教师的批评态度与对学校总体的批评态度一样频繁。早先的研究处理的是学生在总体上对教师的喜爱程度，表2-4中的问题二则关心一些更具体的评价。除了这一点之外，对于这个差异没有别的更明显的解释。

在结束对这四组数据的讨论之前，有必要回过头来再次追问，并对问题答案做简要反思：关于学生对学校生活的态度，这些数据到底告诉了我们什么？看起来，这四项研究是在过去三十年里学生对学校总体上的喜爱程度的报告[①]。在完成更彻底的研究之前，在面对"多大比例的学生声称自己喜爱学校"这类问题时，这些数据就是我们能了解的全部了。

---

① 许多别的针对学生态度的研究已经完成了，但是它们并不包含有关学生对学校和教师的总体喜爱程度的标准数据。其中，大多数研究关注的是学生态度的相关因素（例如，关于大学生为自己的教师和课程打分的研究），或者是关于特定学生的极端态度的来源和应对问题（例如，对于厌恶学校的学生或者辍学学生的研究）。

正如前面已经多次指出过的那样，表 2-1 到表 2-4 呈现的概括性统计结果给了我们这样一种总体印象，即学生对自己的学校生活是相对满意的。尽管男孩和女孩的比例有明显差异，但是如果被要求去描述自己是否喜爱学校的话，小学高年级的大约 80％的学生都会把自己放在"喜爱"这一栏。对有的人来说，这个大多数看起来已经足够大了，已经不需要再对这个问题做进一步的探究了。例如，在呈现完表 2-3 概括的那些数据以后，莱波尔德给出了一段评论，说明了该研究对于作为一名教师的他来说的意义："5 名男孩、女孩中的 4 个人，都直接承认自己喜欢学校，并且还能够给出充分的理由。因此，最重要的是要相信，事情还没有那么糟糕。"①很多与学生在一起工作的人可能也有这样的态度，认为只要大多数学生看起来是喜欢学校的，就可以说"事情还没有那么糟糕"。我们似乎可以去质疑："为什么还要费心做更深入的探索呢？"

要求做更深入探索的一个最明显的理由是，那些声称不喜欢学校的学生也有不能小觑的数量。如果信任这些统计，那么它们实际上显示，在普通班额的班级当中，每五到六名学生当中就有一人会感受到足够的不满意，以至于一有机会就会抱怨。如果这个数字在所有年级和所有区域都类似(这个"如果"当然很不可靠)，那么我们谈论的那些不喜欢学校的儿童仅仅在小学就有 700 万。这样一个数字当然不能轻

---

① L. Edmond Leipold，"Children Do Like School，"*Clearing House*，1957（6），pp. 332-334. 莱波尔德显然乐观地理解了他表述中的这种不精确性。在他的研究中，被发现喜爱学校的学生的实际比例为 3/4～4/5。

易就被忽略掉。

此外，也有理由相信，那些在私下里对学校心怀不满的学生比例，保守估计也不低于 20％。在已经回顾过的四份研究当中，有三份研究的研究者采取了专门的防范措施来确保答题可以保密、不被教师和其他学校管理者看到。他们希望这一程序可以增加学生报告的诚实程度。这个信念的假设是，如果出现了不诚实，也会是让报告结果往乐观的方向出现偏差。大多数儿童都喜欢取悦成年人，而大多数成年人都喜欢听到儿童是喜爱学校的。但愿这些预防措施都可以发挥作用，学生们可以对自己的真实感受给出准确的报告。但是，它们并不真能如此完美地发挥作用。因此，教室里实际的不满意状况，可能比学生作文和问卷回答中揭示的数字要更大。

除了已经描述过的这些研究提供的东西，之所以还想要对学生态度进行更深入的探索，还因为认识到了非黑即白的判断造成的夸大。正如已经讨论过的大多数数据那样，当态度被一分为二以后，大量微妙信息就丢失了。当我们强迫学生描述自己是"支持"还是"反对"学校时，我们只可能获得一个关于他们看法的粗糙图像。这个图像更容易回忆和讨论，付出的代价是忽略了学生态度在心理上的丰富性。学校是一个复杂的社会机构，学生也是一种复杂的生物。那些"支持"学校的学生，当然不是以完全相同的程度来旗帜鲜明地支持学校。类似地，那些被归入态度测验"反对"一栏的学生也不都是以同样的热切程度来反对各种教育上的事。① 为了获得更充分的理解，在有关学生态度大类信息的基础上，必须考虑在喜欢和不喜欢这两端中间存在的各种变化。换句话说，我们必须在黑白图像中增加渐进的灰度。

在一份几年前在芝加哥大学完成的研究当中，我们对不满意学生的范围做了粗略的估计。② 我们当时设计了一份包含 60 个题项的问卷，标题为"学生态度测验"，用来评估学生对自己学校经历的满意程度。问卷的每一道题都包含一个多选题，涉及学校生活的某一个方面，包括教师、学生、课程以及课堂练习。在每道题的回答当中都包含一个选项，表示学生对学校生活的特定方面完全满意。学生每选择一次这个选项，即可以记 1 分。因此，可能得分的范围是 0～60。用这份问卷测试某知名私立学校的 500 名六至十二年级学生，结果平均得分是 37.3，标准差是 9.57。换句话说，在这种良好的教育环境当中，学生仍在接近一半的题项上表达了某种程度的不满。如果采用此前讨论的研究中使用的方法，那么这些学生很可能会被放在"喜爱"学校这一栏。

最近，这份问卷又被用来测试 258 名郊区高中的十一年级学生。③

---

① 在访问 52 名情绪失调的学生以后，每个人都被诊断出"某种严重的学校问题"。一位精神病学家报告说，在全部学生中只有 10 个人看来是"完全不喜欢"学校的，并且完全不掺杂任何别的复杂情绪。参见：C. E. Schorer, "How Emotionally Disturbed Children View the School," *Exceptional Child*, 1960(4), pp. 191-195.

② Philip W. Jackson and Jacob W. Getzels, "Psychological Health and Classroom Functioning: A Study of Dissatisfaction with School Among Adolescents," *Journal of Educational Psychology*, 1959(6), pp. 295-300.

③ Richard C. Diedrich, "Teacher Perceptions as Related to Teacher-Student Similarity and Student Satisfaction with School," Unpublished Ph. D Thesis, University of Chicago, 1966.

这个群体在完全满意这一项上的平均得分是 29.0。此外，这群学生中的前 1/4，也是这群人中对当前学校经历最满意的一部分人，他们的得分是 39.0，标准差是 3.45。也就是说，即使是最满意的群体也会在接近 1/3 的问卷题项上表达某种程度的不满意。

更相关的是对郊区六年级学生的进一步研究结果（表 2-4 的数据就来自这项研究）。该研究使用的"学生态度测验"短表包含 47 题，得到的平均分是男孩 25.3（标准差为 8.2）、女孩 29.4（标准差为 8.2）。如前所述，这个样本中的一般学生会明确说自己"支持"学校和"支持"自己的老师。然而，当问得更具体、让他继续解释学校生活的许多领域时，他对这些领域就不再表示完全满意了。

显然，根据一小部分自称反对学校的学生的统计数据，也可以支持相反的论点。毫无疑问，即使最不满的学生也可以在学校里找到几件让他满意的事。但是，仅仅关注"满意"的群体也足以支持我们的论点了。这些数据并不是专门为这一目的收集的，因此还有改进的空间。但是，已经呈现的数据应该也足以反驳那些自鸣得意的教师了，他们总以为"大多数学生喜欢学校"。的确，大多数人喜欢学校，但并不是完完全全地喜欢。

解释学生态度中的微妙信息的另外一种办法，是唤醒人们去关注其中的众多模糊之处，有时候甚至会完完全全地自相矛盾。在学生对学校生活的态度当中，这种模糊偶尔可以得到表露。例如，在一份针对 1000 名高中学生的研究当中，91％的样本同意"总体上说，老师是友善的"。① 然而，同一组学生中的 40.5％同意"每到 3 点钟，老师都很高兴，因为这些家伙该回家了"。大约 21％的学生认为老师是很友善的，但是也同意说"大多数老师面色不善"。另外 26％的学生回答"不确定"。这些结果或许并没有什么逻辑矛盾，但至少有点让人费解。

在田纳西完成的一份针对 314 名五年级学生的态度调查揭示了一种更加微妙的模糊性(但是研究者未作评论)。② 研究者默特尔·G. 戴伊(Myrtle G. Dye)基于一份 60 道题的关于学校生活的问卷比较了两组学生的态度。一组由"资优"学生组成(基于智商测验，选取全校学生的前 10％)，另一组由"普通"学生组成(在同一份智商测验中，分数在全校学生的 45％~55％之间)。研究发现，在普通组当中，97％的男孩和 94％的女孩在学校内是"开心的"，资优组的相应数据是 79％和 87％。然而，25％的男生认为上学时间可以缩短。当要求他们推荐自己最喜爱的年级时，样本中的大约 40％的学生选择的是上一个年级，而不是现在这个年级。

换句话说，尽管几乎所有田纳西五年级学生认为目前的课堂经历是"愉快的"，但是仍有大约 1/4 的男孩希望这样的课堂时间少一些，接近 1/2 的学生会怀念另外的某个时间，认为它比现在的学校生活更让人满意。这些对比告诉我们，许多学生似乎在说："学校不错，但是

① Paul R. Cobb, "High School Seniors' Attitudes Toward Teachers and the Teaching Profession," *Bulletin of the National Association of Secondary-School Principals*, 1952，36，pp. 140-144.

② Myrtle G. Dye, "Attitudes of Gifted Children Toward School," *Educational Administration and Supervision*, 1956，42，pp. 301-308.

还可以更好。"

如果人们发现学生喜欢自己的学校、自己的老师，通常就会假设他们在教室里是"快乐的"。但是，把"喜欢"和"快乐"等同起来，实际上没有必要，而且会进一步加剧我们这里试图化解的那种对学生态度的认识简化。喜欢学校的孩子在校期间并不总是快乐的。因此，在试图抛弃那种要么支持、要么反对的关于学生态度的二分法之前，值得去关注一下课堂经验带来的负面体验。

在前文描述的一份研究当中，有相当一部分十二年级学生发现自己的老师面色不善。那么，对于更年幼的孩子们来说，老师的面部表情和日常行为有多可怕呢？在研究低年级学生学校态度的少量研究当中，有一份研究给出了部分解答。①

在某大型郊区学区，研究人员针对4所学校的共计128名学生进行了访谈。在学前班(K年级)、一年级、二年级和三年级这四个年级，分别包含32名学生。关于他们在学校里的生活，这些孩子被问到了许多问题。研究者报告说，整体上他们非常享受学校生活。但是，在问到"你的老师做什么会吓到你或者让你感到害怕"时，大约44%的学生能够指出一些让他们感觉不安的教师行为。("大声吼叫，或者搞出巨大的声响"是最经常被提到的。)

在另一份以学校感受为主的研究当中，使用了一份包含53个题项的量表，列出了学生可能担忧的一些事。研究者对纽约市的"几百名"

① Lee B. Sechrest，"Motivation in School of Young Children：Some Interview Data，" *Journal of Experimental Education*，1962(4)，pp. 327-335.

五、六年级学生进行测试。① 结果表明，学生最担忧的是"考试没考好"。在男孩当中，29％的学生说自己"常常"有这样担忧，59％的人回答"有时候"，12％的人回答"从不"。相应的数据在女孩那里分别是37％（"常常"）、54％（"有时候"）以及9％（"从不"）。

当然，与完成这项研究的1940年相比，这样的担忧在今天也可能没有那么常见了。但是，我们要记得，这些内容和特南鲍姆的研究发生在同一年、同一个学区以及几乎同一个年级。正如我们看到过的那样，后者报告说大约有20％的学生不喜欢学校。一个合理的结论可能是，许多喜欢学校的学生同时也为学校感到担忧。

那些对学校生活基本满意的学生也存在类似的负面体验。我们在芝加哥完成的两项子研究当中的相关数据对他们进行了戏剧化的刻画。② 在第一项调查（研究一）当中，我们根据学生对"学生态度测验"③的回答识别出了一组"满意的"学生。如果一个学生在测验中的得分比全部学生的平均分高出至少1.5个标准差，那么这个学生就会被归入"满意"组。基于这个方案，在531名答卷学生当中，有45名学生被挑选了出来。这项研究的参与者是在一个中西部私立学校的六至十二年

① Rudolf Pintner and Joseph Lev，"Worries of School Children，"*Pedagogical Seminary*，1940（1），pp. 67-76.

② Philip W. Jackson and Jacob W. Getzels，"Psychological Health and Classroom Functioning：A Study of Dissatisfaction with School Among Adolescents，"*Journal of Educational Psychology*，1959（6），pp. 295-300；Philip W. Jackson and Richard C. Diedrich，"The Evaluation of School Experiences：A Study of Satisfied and Dissatisfied Students，" Mimeographed，1965.

③ 对该问卷的简要描述，参见本书正文第69页。

级学生。

第二项调查(研究二)是在中西部的一所公立高中完成的。这所学校的所有十一年级学生参与了这项研究。"满意"组包含 69 名学生。他们也是通过研究一当中的相同程序被筛选出来的。

在这两份研究当中，所有学生都要完成一份检核表，其中包含 25 个形容词。每个学生都被要求去选择最能形容自己独特感受的 6 个形容词，以形容自己在某个学科课堂上的感受。这个清单包含 12 个"正面的"形容词(如自信、快乐、热切)，以及 12 个"负面的"形容词(如无聊、不安、生气)。"满意的"学生选择的"负面的"形容词如表 2-5 所示。①

表 2-5 的数据呈现了一个清晰的故事。在两份研究当中，那些明显对学校感到满意的学生在被要求去描述他们典型的课堂感受时，经常使用负面形容词。例如，在研究一当中，半数的男孩以及超过半数的女孩，说某种无聊的感受会经常在他们的课堂中出现。在研究二当中，报告无聊或者负面感受的学生比例，比私立学校的学生群体报告的数值还要高。

学生对于学校态度的复杂性在这里得到了进一步证实。在我们更进一步考察这个现象时，特别满意和特别不满意这两个极端开始拉近了。本来的黑白图像现在开始渐渐变成灰色。

---

① 在这两份研究当中，"不满意"的学生同时也被识别出来。这些小组，正如人们可能预期的那样，会比表 2-5 中概括的那些学生，更经常选择负面形容词来形容自己的课堂感受。这两项研究的完整报告，包含了对于满意和不满意学生的比较。

表 2-5　在描述课堂感受时，"满意的"学生选择的"负面的"形容词

形容词	选择次数			
	男孩		女孩	
	研究一（25）	研究二（34）	研究一（20）	研究二（35）
无聊	13	26	13	25
不确定	21	25	13	26
无趣	16	24	9	25
不安	15	20	9	26
不充分	16	20	7	24
忽视	5	16	4	15
无益	8	16	6	17
不学无术	13	15	3	15
生气	4	14	4	14
拘谨	2	11	3	10
误解	5	11	2	15
抗拒	3	9	0	10

注：这些形容词根据研究二当中的男孩的数据来排序。

读者应该记得，特南鲍姆在分析样本学生的作文时，就对学生作文中缺乏强烈感受这一点做过点评。他讨论了学生常常用"刻板"的方式来回应，这是在遵循"常规模式"。在我们了解学生态度的模糊性和矛盾性以后，才更有可能读懂特南鲍姆的那些评论。

那种上课铃一响就感到狂喜，并且这种兴奋情绪能持续一整天的学生少之又少。同样，那些坐在教室后排、从早上到放学一直咬牙切

齿的学生也同样罕见。对于我们迄今为止回顾过的那些数据，一种解释认为多数学生并不会以这种或那种方式对自己的课堂经历产生什么强烈的感受。①

如果我们暂且认为这就是事实，那就必须从两个方面来理解：一是此前提及的课堂环境的特点，二是儿童在这种环境中的参与的本质是什么。极端感受往往是由发生在个人身上的意外引起的。类似地，极端感受的缺失也是如此。与喜悦和仇恨相比，冷漠和中立的适应性甚至会更强。因此，有必要去探讨学生的情绪感受之所以受到限制的原因。虽然这项任务会在未来几章继续作为我们的焦点，但是这里至少可以先开个头。

第一，正如我们已经看到的那样，学生对学校生活的反应相当多样。学生倾向于喜欢其中的某些方面，而不喜欢其中的另外一些方面。此外，正如我们也已经看到的那样，即使是那些最满意的学生也会有自己的怨言；同样，最不满意的学生也会从中发现自己的乐趣。这些感受的结合，部分来自个人需求和机构目标之间难以避免的不匹配。儿童体验到的那些需求和兴趣往往与机构的理解不匹配，也与机构的其他服务对象的需求不匹配。简单来说，这就意味着学生有时候愿意完成分配给自己的任务，另外一些时候就不愿意。在有的条件下他会体验到欢乐，在另外一些条件下他就会体验到痛苦。

---

① 在整个学年当中，学生对学校的态度并不是一贯的。例如，与学年中的其他时间相比，在学期的开始和结束阶段，学生会对学校更有热情。克拉伦斯·达罗（Clarence Darrow）曾经评论说："学校至少有两天会让我们像孩子那样快乐。一个是开学第一天，一个是学期最后一天。"

关于课堂当中为什么不会经常出现极端体验，还有第二个理由。就是说，不论喜欢与否，学生都必须上学。强迫到场这个事实可能极大限制了抗议和抱怨的爆发。当某种束缚牢不可破时，抵抗就变得无济于事了。如果必须上学，那最好的办法就是放轻松、学会去享受它。

为什么对学校的态度会倾向于中立，第三个也可能是最重要的理由是：对几乎所有学生来说，学校都是"老一套"。在进入这类机构以后，年幼的孩子们很快就会发展出一种对于学校的理解。在随后的那些年里，这种看法不会发生什么重大改变。随着年级增高，社会互动模式仍旧会保持老样子。在他们从一间教室转到同一栋楼的另一间教室的时候，物理环境却在很大程度上维持不变。学习内容会在每一个相继的年级发生改变，但是从根子上来说，算术还是算术，拼写也还是拼写。今年的老师可能比上一年的老师要更和蔼一些，但是他们还都是老师。学生和这两位老师的关系是高度标准化的，都来自一些固定的角色期待。对大多数学生来说，在最初的几千个小时以后（也可能要早得多），学校经验总体上就不再会让他们感到诧异了。当然，这并不是说课堂里不再会发生意外。许多本来沉闷的一天，就是靠着这些意外才变得有意思起来。许多教师很擅长在日常教学当中注入一点新鲜元素。但是，学校里令人兴奋的事情，也就是那些强烈的失望或巨大的欢乐，都只是色彩缤纷的插曲。这些插曲只不过是打断了那种生活，而并不能真正代表那种周而复始的日常状况。

二

当我们问学生是不是喜欢学校时，他们对于这种标准问题的回答当然也可以提供一些有用的信息。但是，学生对于课堂事件的真实态度实际上要复杂得多。这种复杂性来自学生态度的两个相互联系的方面。第一，针对学校生活的具体特点，学生的强烈喜爱或强烈厌恶相互交织，构成了一种复杂的感受和矛盾的心态。第二，在某些学生身上发展出了一种个人感受和课堂生活日常事务之间的脱节。这可能部分来自上述那种爱恨交织的矛盾。对这部分学生来说，学校只是生活中的又一个无可奈何，他们对此采取了一种要么接受、要么拒绝的态度。没有人知道到底有多少学生是这样的。

尽管存在这种复杂性，但是学生对学校的喜好程度的确存在差异。例如，女孩对学校的态度明显比男孩要正面得多。另外，我们也知道，成千上万的学生不喜欢学校、渴望早点退学。同时，也有很多学生会因为学生时代的结束而感到懊恼。这个部分的任务就是要考察这些差异在教育上的后果。我们一开始的问题很简单：教师能看到这些差异吗？

在某些方面，教师对学生态度的把握是显而易见的。对于这部分情况，不需要进一步的评价，可以径直跳过。例如，学生的那些极端态度，即使是最不敏感的教师，也总能够注意得到。当学生公开宣称自己讨厌学校，或者暗示说自己想要退学时，这个学生的态度如何，教师完全没必要去猜测。

同样，对于学校课程全班同学会作何反应，大多数教师多半也能意识得到。例如，大多数教师会同意，他们的学生会更喜欢体育而不是拼写，或者更喜欢看电影而不是完成算术练习。在宣布午间休息要待在教室时孩子们的那种失望的咕哝，或者因为宣布要提前放学而引来的欢呼，没有哪位低年级教师会注意不到。总之，对于那些重复性的课堂事件学生们可能会有什么样的反应，几乎所有教师都能准确察觉。

可是，当涉及学生态度的一些更微妙、更个人化的方面时，教师所知就少得多了。可以肯定，教师并不完全了解学生对学校的态度。但是，这句话几乎什么也没有说。为了做出更丰富的判断，需要某些类型的经验证据。

询问教师能否预测学生对学校态度问卷的回答，这是了解学生态度可见性的一种方案。显然，没有教师能准确预测学生在此类问卷每一个题项上的回答。当然，也没有人会对教师的认识能力有这样的期待。另一个更合理的任务是要求教师对学生进行分类，以分别代表不同的满意度水平。换句话说，教师会被要求去识别教室里最满意和最不满意的学生，每个类别都分别找出几名学生。教师对学生的这种划分有可能与基于学生态度调查所做的分类相互匹配。在本章最后一个部分介绍的对六年级学生的研究当中，这个方法得到了应用(参见本书正文第 64 页)。这项研究的结果尽管不能做普遍推广，但是足够有趣、值得我们进一步探讨。

来自城郊社区公立学校 11 个六年级班级的共计 293 名学生，完成了一份包含 47 个题项的学校态度问卷①。这些题目的样题会呈现给每位教师，并且向他们描述这些题目的表面用意。随后，教师被要求以一种一一对应的方式预测每个学生会如何回答这一系列问题。②

　　教师打分和学生回答之间的相关系数为 0.35。仅这一项统计结果虽然无法提供足够的信息，但也足以表示教师预测的准确程度绝对比胡乱碰运气要强很多。当然，这项统计结果同时也表示教师的预测远远称不上完美。很明显，学生态度的某些方面对教师来说是可见的，但是另外一些方面则不然。为了进一步了解这种可见性，我们需要进行更加精致的分析。

　　关于教师预测与学生实际反应之间的关系，第二个描述其总体特征的办法是使用"命中"和"失误"来描述教师判断的准确性。正如词语的字面意思暗示的那样，"命中"是指教师做出了准确预测的情况，"失误"是指教师预测不准确的情况。当然，什么是准确的预测、什么是不准确的预测，还需要再做定义。因为判断结果(教师把学生分为五大类)和被判断的属性(学生在学校态度问卷中的总得分)并未使用相同的单位来表达。

　　为了让这个定义尽量不那么模糊，因此也是为了让这些发现更容

---

① 　该问卷是本书正文第 69 页所述"学生态度测验"的修订版。
② 　打分步骤如下：每位教师会拿到一张按字母排序的学生名单。首先，他被要求按照学生对学校的满意度把这些学生分为三组："最大""一般"和"最小"；随后，他被要求在"最大"和"最小"组内部识别少数(每组的 1/4)更能代表极端状况的学生("非常满意""非常不满意")，这样，每个学生就会根据他们对学校的态度被教师分派到五类当中的某一类当中去。每个班级中五类学生的大致比例是 1/12、1/4、1/3、1/4、1/12。当这个比例用数量来表达时，各组的赋值分别是 15、12、10、8、5。最高得分代表的是教师认为会"非常满意"的那些学生。

易得到讨论，原始数据中的某些复杂元素已经被忽略或者取消了。第一，那些对学校表达了中间态度的学生，他们的得分最难解释，因此这部分学生被从样本中抽掉了[①]。这样，在下面的分析当中，我们讨论的教师判断仅仅针对那些对学校生活态度鲜明的学生。这部分学生的态度可能是正面的，也可能是负面的。第二，教师的判断也进行了简化，把预测分组的数量由五组削减为三组。通过忽略两个极端组内部的"最多"和"最少"这两个标记就可以完成这一简化。这样，整个样本被分为"满意""一般"或"不满意"这三组，三组人数大致各占样本总量的三分之一。

如果一位教师把某个学生归类为"满意"，且这个学生在"学生态度测验"中的得分高于样本总体平均分至少 0.5 个标准差(或者被作为"不满意"组，且得分至少低于总平均分 0.5 个标准差)，那么教师的判断就是一次"命中"。当教师判断某个学生是在全班的前 1/3 或者后 1/3，但是该学生在问卷上的实际得分却在相反的一组时，就发生了一次"失误"。当教师把学生放在"一般"组，而且这个学生在态度问卷上的得分比平均分高出 0.5 个标准差的时候，就可以说教师的这个判断是"不确定的"。使用这些定义，我们可以对教师的判断进行分类。如果完全随机的话，将会有 1/3 的判断是"命中"，1/3 的判断是"失误"，1/3 的判

---

① 抽掉的这部分学生在"学生态度测验"中的得分与全部样本平均分的差异在半个标准差以内。在正态分布的人群当中，这个程序会去除 38% 的样本量。这样，其他两个组分别剩下了 31% 的样本量。然而，因为"学生态度测验"中的分数略向正面一侧倾斜，所以实际抽掉的学生比例为 36.6%，保留下来的"满意"组有 34.6% 的学生，"不满意"组有 28.8% 的学生。

断是"不确定"。[①] 对于这些概率期望值的偏离是否具有统计显著性，结果如表 2-6 所示。

表 2-6　教师预测学生态度的准确性

预测	学生态度			
	"满意"组		"不满意"组	
	N	%	N	%
命中	53	52.5	30	35.7
不确定	25	24.8	36	42.8
失误	23	22.7	18	21.5
	$\chi^2=16.7$[①]		$\chi^2=6.00$[②]	

注：①显著性水平为 0.01。
　　②显著性水平为 0.05。

表 2-6 的数据证实了各组相关系数包含的信息，即教师可以用一种远高于运气的准确性来预测学生态度。但是，作为一般结论，这还需要进一步完善。与"不满意"的学生相比，教师显然可以更准确地识别"满意"的那部分学生。同时，教师在"不满意"组的准确性之所以会降低，并不是因为大量完全"失误"的学生，而是教师不太确定这些学

---

① 这是因为，我们要求教师把全部学生分为三组，分别是"满意""一般"和"不满意"。因此，如果在"学生态度测验"中的得分可以被分到"满意"组的学生，再由教师随机分配的话，其中 1/3 的学生会被称为"满意"。按照定义，这算作"不确定"。同时，有 1/3 的学生会称为"不满意"，按定义这要算作"失误"。同样的道理，也适用于那些基于问卷得分可以被分到"不满意"组的学生。事实上，根据"学生态度测验"的得分可以被归为"满意"的学生包括的样本数略高于 1/3（34.6%），"不满意"的学生略低于 1/3（28.8%）。这意味着教师的预测既不可能完全准确（百分之百"命中"），也不可能完全不准确（百分之百"失误"）。但是，这个限制并不太重要，因为观察到的准确程度从来都不会达到这种极端的状况。

生是否适合归入极端组。换句话说，教师对一组学生的误判并不比另一组学生多。但是，对教师来说满意的学生态度在某种程度上要比不满意的学生态度更加显而易见。

仅靠这些发现就推论说教师更容易看到学生的满意而不是不满意，这自然是不明智的。因为，这个发现只是基于少量学生，而且他们都来自同一所学校的同一个年级。但是，根据我们对一般人类行为的认识，教师对这部分六年级学生的理解看起来的确说得通。在任何社会情境当中，不满意都是对群体福祉以及成员的持续参与的一种威胁。此外，对不满的表达也往往会被人群的负责人理解为一种冒犯。在表达不满时暗含的这种冒犯，解释了我们为什么会在聚会结束时恭维女主人，而把聚会带给我们的任何不愉快藏在心底。我们采用这种方式行动不仅仅是为了服从社交习俗，也是在确保我们的社会生存。

在教室当中，因为表达不满而给学生带来的伤害会因为教师的制裁权而被放大。教师和聚会时的女主人不同，后者只会报以一个冷眼，然后再也不邀请那个批评者。但是，教师的位置让他可以用一种更持久、更痛苦的方式来回应那些批评。尽管大多数教师都不会利用自己的权威来打压诚实的批评意见，但是这个事实并不会改变权威这个事实本身，以及相应的对于批评者的潜在威胁。常见的"讨好老师"的策略，不仅仅是按时交作业或者在去操场的路上乖乖排队。这种策略同时还包括大声说出让自己满意的事，同时又对课堂生活中的许多不满意保持沉默。

女孩的学校经历看起来要比男孩更加愉悦。如果教师真的接受了这个事实，那么在对男孩、女孩做比较而不是分头做判断的时候，这种预测学生态度的工作就会变得简单多了。换句话说，当他的全部学生都被放在一起考虑的时候，教师可以通过不断地给女孩打高分来增加预测的准确性。这个影响可以从目前正在讨论的这项研究的相关数据中观察到。之前提到过，在教师打分和全体样本学生的实际回答之间的相关系数是 0.35。如果两性分开计算的话，这个数字分别是男孩 0.28、女孩 0.28。当性别被分开来考虑时，相关系数减少得并不多。但是，这的确提醒我们注意，如果知道女孩在整体上对学校的态度比男孩要更正面是可以略微提高预测准确性的。

事实上，教师预测和学生在"学生态度测验"中的得分之间的相关性在男生和女生当中的数值是一样的。这表明教师可以用同样的准确度来预测两个群体的态度。然而，和整体联系上的结论一样，如果我们转向教师在估计学生态度时的"命中"和"失误"的分析，那么这个结论也同样可以略作修正。这一次的修正，将聚焦于教师判断准确性的性别差异。和此前一样，这里涉及的学生只是那些态度比较极端的学生。数据概况如表 2-7 所示。

表 2-7 显示，教师在预测准确性上存在巨大的性别差异。这种差异不仅意味着教师能更准确地预测女孩的数据，或者在预测男孩时更不准确；它还涉及学生态度的属性以及拥有这些态度的人的性别。教师看来能够更准确地理解"满意"的女孩和"不满意"的男孩。换句话说，对于学校经验最感到开心的女孩以及那些最不开心的男孩是教师在预测时最没有困难的；反过来，由"满意"的男孩和"不满意"的女孩组成

表 2-7　教师预测不同性别学生态度的准确性

预测	男孩的态度				女孩的态度			
	"满意"组		"不满意"组		"满意"组		"不满意"组	
	N	%	N	%	N	%	N	%
命中	11	35.4	24	46.1	42	60.0	6	18.7
不确定	10	32.3	21	40.4	15	21.4	15	46.9
失误	10	32.3	7	13.5	13	18.6	11	34.4
	$\chi^2 = 0.06$		$\chi^2 = 9.50$[①]		$\chi^2 = 22.48$[②]		$\chi^2 = 3.81$	

注：①显著性水平为 0.01。
　　②显著性水平为 0.01。

的小组，教师在预测时的准确性并不比碰运气要好多少。

当然，对于这些研究发现的进一步推论，我们仍旧要保持警惕。但是，值得强调的一点是，基于我们已知的有关性别差异和课堂特点的知识，这些研究发现的确是说得通的。例如，有证据表明，与那些满意的女孩相比，不满意的男孩更愿意批评处在权威位置上的人。先前提到的一份研究发现，当学生被要求去描述他们典型的课堂经验时，不满意的男孩比那些满意的女孩更经常使用"推诿式"的形容词，把对学生处境的责任归咎于他人（如误解、拒绝）。相比而言，不满意的女孩倾向于采取更加"自责式"的形容词，这些词汇把学生的处境当成自己的责任（如不充分、无知）。[①] 如果类似现象在我们讨论过的六

---

① Philip W. Jackson and Jacob W. Getzels, "Psychological Health and Classroom Functioning: A Study of Dissatisfaction with School Among Adolescents," *Journal of Educational Psychology*, 1959(6), pp. 295-300.

年级班级也存在，也就是说如果不满意的男孩更愿意表达对于权威的批评，那么这会有助于解释为什么教师更能看到这些不满意的男孩而不是不满意的女孩。

为什么教师更能发现满意的女孩而不是满意的男孩？这其中的原因并不那么明显。与男孩相比，女孩可能更能直接表达自己的满足感；那些特别喜爱学校的女孩也可能更擅长用一些间接的办法把自己的感受传递给教师。比如，自愿做班级琐事（多数适合女性），或者在有别的选择时仍待在教师身边。[①]

另外一个颇为意外的变量是学生的智商，这与教师预测的准确性有关。从组别来看，与更低智商的小组相比，教师显然能更准确地预测高智商组的态度。对那些智商在 120 及以上的六年级学生来说（共计 49 人），教师的预测和实际在"学生态度测验"中得分的相关性是 0.56；对于那些智商在 90～119 的学生来说（193 人），相应的相关系数是 0.30；最后，对于那些智商在 90 以下的学生来说（46 人），相关系数是 0.11。转换成"命中"和"失误"这样的语言来表达，这组关系就可以产生表 2-8 中的这些数据。

---

① 教师的性别与对学生态度的预测之间的联系也得到了考察，但是没有找到证据去支持这一假设。11 名六年级教师中有 4 人是男性。目前来看，男性教师对学生态度的预测与学生反应之间的相关性，与从女教师那里获得的相应数据，没有系统差异。即使对男孩和女孩分别进行检验，结果也同样如此。

表 2-8　教师对不同智商学生态度预测的准确性

预测	智商在 90 以下		智商在 90 与 119 之间		智商在 120 及以上	
	N	%	N	%	N	%
命中	10	34.5	55	44.4	17	54.9
不确定	9	31.0	44	35.5	8	25.8
失误	10	34.5	25	20.2	6	19.3
	$\chi^2=0.07$		$\chi^2=11.14$[①]		$\chi^2=6.66$[②]	

注：①显著性水平为 0.01。
　　②显著性水平为 0.05。

表 2-8 的数据显示的是教师判断的"准确性"，不涉及教师对三组不同智商水平学生态度类型的预测。显然，一定有什么原因让教师更容易发现高智商组和中等智商组的态度，同时让低智商组的态度变得隐晦。由于缺乏进一步的信息，我们只能借助想象去推测这一研究发现的可能原因。一种可能的解释是，高智商学生在语言流畅性上有优势，这让他们可以把自己有关学校事务的看法以一种更清晰的方式传递出去。这是那些缺乏表达能力的同伴们无法比拟的。另一种可能的解释是，教师与那些高智商和中等智商的学生有更频繁的交往。因此，与那些低智商的学生相比，教师会更经常了解到前者对于学校事务的看法。最后，或许高智商的学生更可能承担班级领导职务，因此比那些低智商的学生有更多可能被点到名，从而能够让他们的观点公开出来。当然，这三个解释中的这些条件本身都不是相互排斥的。这三个可能性以及别的那些尚未提及的因素很可能会同时发挥作用。到此为

止，关于六年级学生的那些发现，我们可以做如下概括。概言之，与不满意相比，教师更能发现满意。满意的女孩、不满意的男孩尤其突出。那些智商达到平均水平或者在平均水平以上的学生与那些智商低的学生相比，能以某种方式把自己的态度更清晰地传递给教师。当全部学生和教师被放在一起来看的时候，这些发现都是显而易见的。但是，每个班级的结果就不是那么清晰明确了。在估计学生会怎么回答学校态度问卷时，有的教师就是要比别人做得更好。此外，个别教师在预测准确性方面的差异不能用班级的合成数据来解释，至少不能用学生的性别、智商或者对学校的满意度来解释。这个结论可以从表 2-9 的数据得到。

表 2-9　不同教师对学生态度预测的准确性

班级	教师预测与态度测验得分的 r 系数	班级特征				
		教师性别	男孩	女孩	平均智商	态度测验得分
1	0.10	女	12	19	101.1	28.71
2	0.38	女	18	12	109.0	31.00
3	0.52	女	13	15	105.1	25.43
4	0.00	女	12	10	98.0	28.27
5	0.45	男	20	8	107.4	27.96
6	0.30	女	10	19	112.5	21.44
7	0.56	女	11	13	93.5	24.67
8	0.42	男	18	10	97.0	28.11
9	0.46	男	11	19	99.3	28.33
10	−0.51	女	6	4	109.9	28.90
11	0.26	男	17	16	106.2	28.36

注：r 系数为皮尔逊相关系数。

表 2-9 的数据支持两项结论。第一，在教师预测的准确性方面存在相当可观的差异。例如，4 班教师的估计与学生的实际反应之间没有系统联系。那些来自 7 班的教师的估计则与她的学生在测验中的得分保持并行。[①] 第二，教师之间的差异，或者说已经讨论过的这些班级之间的差异，没有任何系统联系。这就是说，那些对学生态度预测得更好的教师，其成功并不是因为他们的班级包含一种不平等的性别分布、包含大量非常聪慧的学生或者大量对学校极其满意的学生。为什么有些教师会比别人预测得更加准确，这仍旧是一个没有得到解答的问题。

迄今为止的这些讨论，关注的是那些能够增强学生态度可见度的条件。但是，我们也可能去关注哪些条件蒙蔽了教师的视野。正如已经讨论过的那样，不是去问什么样的学生特点与那些"命中"比例特别高的教师有关，而是可以把问题修改为：什么样的学生特点与"失误"有关？

根据学生智商水平呈现的研究发现提供了一个回答该问题的有用线索。我们可以回顾一下表 2-8 的数据，与那些低智商学生的态度相比，教师看来更容易发现高智商学生的态度。换句话说，教师在高智商组上较少"失误"。但是，表 2-8 的数据没有显示的是，教师在高智商组和低智商组的"失误"是一种相当特殊的类型。

---

① 10 个班级各自的相关性提供了一个更富有戏剧性的例子，可以用来表明教师之间的差异。不过，由于这个系数来自很少量的学生，因此过分强调它的非典型性是不明智的。

在低智商组的 10 个"失误"是学生看来对学校感到满意而他们的教师认为他们不满意。相反,在高智商组的全部 6 个"失误",则是学生对学校不满意而他们的教师以为他们满意。换句话说,教师倾向于高估高智商学生的满意水平、高估低智商学生的不满意水平。教师在中等智商学生组出现的"失误"几乎可以平分,分别是"满意的"学生被教师认为不满意(25 个"失误"当中的 12 例)以及"不满意的"学生被教师预测为满意(剩下的 13 例)。

教师判断当中的这种明显的偏见,提出了一个问题:教师会不会在很大程度上是根据智商或者学生学业掌握情况的相关证据来估计学生的态度呢?可以用箴言式的句子来概括教师的这一信念,比如"表现好,爱学校"。表 2-10 已经包含了这种信念的线索,显示了教师对学生态度的估计和学生的智商以及成绩测验分数之间的相关。教师的估计和学生在"学生态度测验"中的得分相关,此前已经呈现过了。出于比较的目的,我重新把它们放在表 2-10 当中。

表 2-10　教师对学生态度的预测和学业考试分数的相关

性别	智商	学业考试分数			
		阅读	语言艺术	算术	"学生态度测验"分数
男孩(148)	0.44	0.49	0.51	0.45	0.28
女孩(144)	0.39	0.36	0.37	0.31	0.27

在这些六年级教师的判断对象当中,聪明学生就是学业考试中拔尖的那批人,同时也是对学校最感到满意的那批人。事实上,教师对

学生在学校态度问卷上的回答情况的估计与学生的学业水平密切相关，而不与他们对问卷的实际回答有什么联系。和女生相比，这个判断更适用于男生，但实际上在两个性别的学生身上都很明显。在这些教师看来，"好"学生就是那些好像对学校满意的学生，"差"学生就是那些好像对学校不满意的学生。

教师错了吗？在成功和满意之间毕竟没有什么逻辑上的可信联系。更好的学生或许的确对课堂生活更加满意，类似地，更差的学生或许更加不满意。教师只是高估了事情的程度。这种可能性要求进一步检验学业成绩和学校态度之间的关系。我们现在就转向这个重要的主题。

三

怎么理解学业成功和对于学校的正面态度之间的高度相关？这至少可以有两组常见的说法。这些理由都很常见，大多数读者可能都听说过不止一次了，但是每一个理由都包含了一些不可靠的假设。在本章最后部分，要对此加以讨论。因此，这里先对这两种说法做一点概要的介绍。

第一组支持成功与满意之间联结的根据，来自一个众所周知的事实，即奖励更可能激发正面感受，惩罚更可能带来负面感受。事实上，奖励和惩罚的联系以及奖励和特别的情感体验之间的联系实在是显著。爱德华·L. 桑代克(Edward L. Thorndike)在关于学习的开创性研究当中，用"满足因素"和"厌恶因素"来指称导致相应倾向的强化和弱化。桑代克如果想要某个动物重复某种行为，他就会在那个行为之后安排一个"满足因素"；当目标是消除这个行为时，他就会使用"厌恶因素"。尽管今天的心理学家可能更倾向于使用一些中性词汇，例如"正强化"或者"负强化"。但是，在高级生物尤其是人身上应用奖励和惩罚的时候，没有人会去质疑桑代克的发现的适用性。

不仅奖励带来舒适、惩罚带来厌恶，而且在这些条件持续一段时间以后，环境本身就会开始产生与特定感受的联系。换句话说，奖惩的态度成分倾向于削弱，态度开始与其所处的情境建立联系。例如，牙科诊所的外观和气味就会让很多人感到不舒服，就像牙医的电钻给很多人的感受一样。

这种推理在教育上的应用很容易实现。学校显然是一个大量应用奖惩机制的地方。微笑、称赞、特权、好等级、测验中的好分数，这些都是由某些课堂行为引发的反应。皱眉、呵斥、剥夺、低等级、测验中的差分数，这些是课堂行为引发的另一组反应。更进一步，这些满足和厌恶的经验最终不是面向全体学生，而是集中在特定类型和数量的学生身上。有些学生习惯于接受课堂奖励，而另外一些学生则对于课堂惩罚见怪不怪。与有关人类行为的常见说法一致，我们可能会期待那些受到奖励的学生会随着时间的迁移，发展出一种对于学校和学校教育的真正热爱。类似地，我们可能会预期那些常常得不到奖赏甚至总是被处罚的学生对于课堂生活或多或少感到不满。结果，人们的普遍期待就是：学业成功与对学校的正面态度有关。

可以带来类似结论的第二组推理是基于一项由来已久的观察，那就是"好牛出好奶"。在这里，良好表现和行动者的感受之间的因果联系的方向，和第一组推理中的情况恰恰相反。这里强调的是正面感受对于学习者产出方面的贡献，而不是相反。

　　这个观点认为，有效表现至少部分取决于行为者的动机。不想学习的人往往学得不如那个热心学习或者主动学习的人。面对连续不断的让人厌烦的琐事仍能保持专注和进取，这是对于在复杂任务上取得成功有实质贡献的两个品质。这两个品质看来是由学习者的一般倾向决定的。在最困难的任务上要想取得成功，就离不开反复尝试。正如我们已经知道的那样，这包含了某种在欲望、态度和其他动机性因素方面的投入。此外，这些动机性因素并不需要在每种具体任务情境当中重新发展，而是包含由学习者本人带来的渗透性、持久性的元素。一个人对自身的环境感到满意，那么与那些心怀不满的伙伴相比，他更可能成功应对环境提出的需求。

　　和此前一样，这个理论也很容易通过课堂事件来转译。和其他情境中的任务类似，学校学习也要求专心与努力。为了在课堂上取得成功，学生必须不断尝试。这预示着他首先必须愿意尝试。我们现在可以说，那些更热衷于应对具体学习任务的学生，同时也对学校教育的一般经验有更正面的反应。换句话说，对学校最满意的年轻人，在其他条件相同的情况下，应该也是在课堂上最成功的那一群。

　　这样，通过两条不同的路径都得到了同一个结论：学业成功和对学校的满意程度有正向联系。此外，尽管这两个路径是相互独立的，但是它们本身也可以相互强化。也就是说，学业成功会带来对学校的正面态度，同时这种正面态度反过来又会增加取得进一步学业成功的可能性，如此等等。同样，在结果不让人喜闻乐见的轴线的另一端，同样的循环过程也在发挥作用。当那些成功的学生被描绘成面带微笑地去攀登学业成绩的更高峰时，那些失败的学生看起来是在学业上愈加沉沦。在这个下降的过程中，他们的眉头愈锁愈深。

然而，实际生活往往不会按照扶手椅上的理论家们的方式来运行，这在很大程度上是因为逻辑和心理并不是一回事。学生对学校的态度和他们的学业成功之间的逻辑联系，除了极偶然的情况以外都很难在经验上得到验证。事实上，已有的证据表明，学生对学校生活的看法与他们对学业目标的相对掌握程度之间缺乏直接的联系。这样的证据与我们的常识预期存在冲突，需要特别留意。

已经讨论过的几项研究都试图检验学生对态度问卷的回答和学业成绩测验之间的关系。这些结果无一例外，都是令人失望的。数据统计一再揭示了同一个令人不安的事实，即二者之间没有显著联系。表 2-11 中的相关系数是基于已经讨论过的六年级学生的回答，这就是一项典型的研究发现。

表 2-11　六年级学生的学校态度与学业成绩的关系

态度测验	性别	N	教师打分				测验成绩			
			阅读	语言艺术	算术	科学	阅读	语言艺术	算术	科学
学生态度测验	男孩	148	0.15	0.13	0.08	0.15	0.14	0.11	0.13	0.06
	女孩	144	0.16	0.16	0.14	0.19	0.08	0.14	0.12	0.14
"密歇根学生态度量表（修订版）"	男孩	148	0.01	0.01	0.00	0.06	0.08	0.02	0.06	−0.08
	女孩	144	0.06	0.01	0.00	0.04	−0.07	−0.06	−0.05	0.01

简单来说，表 2-11 的主要信息告诉我们，在 32 个相关系数当中没有一个与 0 存在显著差异。不仅如此，教师打分的结果也与成绩测验分数相同。而且，无论使用哪一种学生态度问卷，得到的结果都类似。[①] 无论怎么看，这些六年级学生对于学校的态度和他们的学业成就之间都不存在联系。

表 2-12 十一年级学生的学校态度与学业成绩的关系

性别	N	语言智商	非语言智商	英语分数	英语等级
男孩	127	0.06	0.01	0.05	0.05
女孩	131	−0.06	−0.07	0.05	0.10

早先讨论过的某项研究中的另一组相关呈现在表 2-12 当中。[②] 这份研究的调查对象是十一年级学生，测量态度的工具是"学生态度测验"。这些学生的学业成绩信息仅包含英语。可是，因为其中包含智商数据，所以可以给我们一个很好的线索去推测在其他科目上可能得到的分数或等级。

在相关系数上包含的信息很明确：在学生态度和学业表现之间不

---

① "学生态度测验"已经描述过了（参看本书正文第 69 页）。"密歇根学生态度量表"包含 60 个题项，几乎完全聚焦于学生对于现在的老师的态度（例如，"我的老师让学习内容变得有趣""老师会在我们做得好的时候表扬我们"）。修订版的题目比原版要少，包含 23 个。对于这个工具的完整描述以及它在研究中的应用，参看：Ned A. Flanders, "Teacher Influence, Pupil Attitudes and Achievement," OE － 25040, Cooperative Research Monograph No. 12, Washington, U. S. Government Printing Office, 1965.

② Richard C. Diedrich, "Teacher Perceptions as Related to Teacher-Student Similarity and Student Satisfaction with School," Unpublished Ph. D Thesis, University of Chicago, 1966.

存在显著联系。同样，男孩与女孩的结果类似。并且，使用学业考试分数还是课程等级并不影响最终结果。

对于零相关的一个可能解释是：可能有大量学生对自己的学校并没有什么强烈的感受，而无论这种感受是正面的还是负面的。为了检验这种可能性，我们可以去除那些态度测验得分中等的学生，只看那些态度测验得分相对极端的学生。那些在"学生态度测验"中的得分高于平均分1.5个标准差的学生和那些低于1.5个标准差的学生，在学业成绩上没有显著差异。这与采用同样方法的一项更早先的研究结果完全一致。①

已经讨论过的这三项研究都报告了相同的结果，发现在态度和学业成绩之间明显缺乏联系。因为这个结果的重要性，要求我们在下结论之前继续寻找进一步的证据。而且，到目前为止的大部分证据都是使用"学生态度测验"，而且学生的所在地也相对集中。如果使用国内其他地区的学生、使用不同的态度问卷之后也可以得到类似的发现，那么我们关于学业成功和学校满意度相互独立的结论就更加可信了。

此前讨论过的特南鲍姆的研究为我们丰富了证据。我们记得，特南鲍姆开发了一份学校态度问卷，用来对纽约市的639名六、七年级学生进行测试，这些学生分别来自3所不同的学校。这些学生对问卷的回答与那些反映学业状况的变量(如智商、教育商数、娴熟程度、年

---

① Philip W. Jackson and Jacob W. Getzels, "Psychological Health and Classroom Functioning: A Study of Dissatisfaction with School Among Adolescents," *Journal of Educational Psychology*, 1959(6), pp. 295-300.

级进阶)的相关系数在 0.003～0.13。[1] 在学校态度和学业成功之间再次表现出没有什么关联。

特南鲍姆的发现还可以提供另外一个应用。他使用的一个变量是教育商数，这是基于学生能力水平来判断他们在学业上的进步或迟缓程度。和其他变量的情况一样，在这个变量上没有发现与学校态度的显著相关。这可以表明，即使缩小能力差异的影响，那些更成功的学生的学校态度也不见得比那些更不成功的学生要好。

在另外一项在印第安纳完成的研究当中，研究者设计出了一份诊断性的教师打分表，交给 1357 名四至八年级的学生来打分。[2] 尽管个别教师的得分存在巨大差异(例如有的教师更被学生喜爱)，但是在态度和学业成绩之间的联系与已经报告的结果相同。(在 527 和 552 名学生构成的两个子样本上得到的成绩和智商的 $r=0.1$。)

由 L. F. 马尔帕斯(L. F. Malpass)在纽约某小镇完成的一份研究使用不同方法研究了这个问题。[3] 在这份调查当中，92 名八年级学生接受了两种投射方法的测验(一种是句子填充测验，一种是主题统觉测验类型图)，以揭示他们对学校的态度。同样，这些学生也要写作文来

① Samuel Tenenbaum, "A Test to Measure a Child's Attitude toward School, Teachers, and Classmates,"*Educational Administration and Supervision*, 1940, 26, pp. 176-188.

② Sister M. Amatora Tschechtelin, Sister M. John Frances Hipskind, and H. H. Remmers, "Measuring the Attitudes of Elementary School Children toward Their Teachers,"*Journal of Educational Psychology*, 1940(3), pp. 195-203.

③ L. F. Malpass, "Some Relationships between Students' Perceptions of School and Their Achievement,"*Journal of Educational Psychology*, 1953(8), pp. 475-482.

描写自己的课堂经验。每个学生都得到了一个综合得分，以反映他对于学校生活的整体态度。这个综合得分和测验成绩的相关系数也没有显著大于 0。然而，在学生态度的整体估计和他们的学科等级之间存在显著相关(0.31~0.57)。马尔帕斯并没有解释为什么综合得分和学科等级有相关，而和测验成绩没有显著相关。

综合来看，迄今为止已经回顾过的六份研究提供了一组让人印象深刻的证据。它们包含了超过 3000 名学生，来自至少 15 所学校，在数个不同的地区进行。至少 5 种不同的工具，被用来收集关于学生态度的信息，同时还应用了各种测试来获得成绩数据。此外，这六项研究覆盖了 25 年的时间跨度。除了在一组数据当中态度与成绩之间存在显著相关之外，这六项研究在其余方面都是一致的。它们都对于常识预期提出了质疑，不认为学生对学校的感受和他应对学校需求的成功度之间存在显著联系。

最近在明尼苏达完成的一项研究值得专门提及。因为与上一段的这些概括相比，它在某些方面包含了与之相冲突的发现。[1] 在这项研究当中，研究者使用"学生态度测验"对 505 名十一年级学生进行了测试，然后选择其中的极端分数来代表"极其满意"和"极其不满意"的学生。进而，根据他们在"爱荷华教育发展测验"中的 9 个子测试中的表现，对不同组的学生进行比较。结果表明，满意和不满意的学生在全部 9 个分数的 7 个项目上的差异是显著的(在 0.05 水平上)，同时满意

---

① Thomas A. Brodie, Jr., "Attitude toward School and Academic Achievement," *Personnel and Guidance Journal*, 1964(4), pp. 375-378.

组的测验得分更高。然而，当这两组进一步按照性别来划分时，对平均分的检验结果表明，所有的显著差异都归因于一小部分极其不满意的女生(N＝18)。研究者没有解释这组女生的分值为什么这么极端，因为类似的结果其他研究者并没有遇到过。根据我的认识，在进一步讨论前述那种不相关的一般意义之前，只能说这项研究的结果是不寻常的。

对于任何有违常识的证据，就算不是真的不信任，也最好抱以一种健康的怀疑态度。改变通常的世界观是一件麻烦事。我们在这么做之前，要先确定这种努力确有必要。对于当前的议题而言，这意味着我们首先应该考虑的问题是：为了对已经提供的证据提出质疑，人们会用到什么样的论证？

质疑者最合乎逻辑的攻击对象，可能是用来测量学生态度的问卷。质疑者可能会从某种一般的质疑开始：这些纸笔测验提供的信息在多大程度上可信并且有效？在回答这个问题之前，要记住我们在谈论的是几项数据收集工具而不是某一种问卷的优缺点。

之前提到过的这些工具，并不是每一项都能找到相关信息。但是，有迹象表明与其他类型的问卷相比，这些工具更受欢迎。例如，在对300名六年级学生的测试当中，"学生态度测验"的(内部一致性)信度系数是0.85。特南鲍姆的问卷以及阿马托拉修女(Sister M. Amatora)等人开发的工具得到了同样高的信度系数。"密歇根学生态度量表"以及马尔帕斯在研究中应用的工具则没有提供相应的数据。

不幸的是，关于学生态度的时间稳定性我们一无所知。但是，看起来没有什么特别的理由让我们认为，学生对于学校和教师的感受会比学生对于任何别的东西的态度的稳定性要更差。这些态度可能会随着时间的迁移发生改变，但是我很怀疑它们是不是那么容易改变。教师可以在问卷测试的前些天就预测学生的分数，这个事实本身就提供了一条间接证据来表明接受检验的学生在态度上的稳定性。

学生回答的可信度也可能受到质疑。但是，高于概率水平的教师预测，以及在态度和其他变量(如性别、心理健康水平等)之间可预测的联系，都降低了这种批评的力度。同样，大多数研究都采取了常见的预防措施来鼓励学生诚实作答，例如确保匿名、教师不在现场。的确，有些学生可能会掩盖自己的真实感受。但是，很值得怀疑的是，如果态度和成绩之间真的存在某种稳定联系，那么这种不诚实是否广泛到足以掩盖这种联系。

最后，一些批评者可能会认为，学生态度的某些方面与成绩差异有关，但是这些方面恰恰没有被包括进来，或者在这些态度问卷中没有得到充分体现。然而，如果这个批评意见是认真的，批评者就必须指出学生态度中的这些被忽略的内容是什么。这可并不容易。仅仅说工具改变结果也会变，这还远远不够。目前来看，态度问卷并没有任何明显的疏漏足以解释这种得到描述的结果。

关于稳定性和工具效度方面的证据以及学生报告的诚实性，显然不足以排除我们呈现的那些讨论。此外，在其中的两项研究当中有一种微弱但无法否认的矛盾。无论如何，即使存在这些弱点，我们仍旧可以有信心地得出结论，认为在态度和成绩之间如果存在联系，也不会像常识告诉我们的那样易于证明。尽管我们会保留自己的最终判断，把结论留给将来的研究者来下，但是已有的证据也足以引起我们的思考了。让我们暂时接受这样的假设，认为学生对学校的态度和他们在学业上的相对成功之间只有微弱的联系或者根本不存在联系。为什么会这样？对于教室里的教师来说，这种联系的缺乏又意味着什么？

在最后一部分的开头，我们曾经承认在态度和成绩之间有某种粗率的联系，并且对于大多数教师来说这种联系都是显而易见的。例如，那些可能辍学的学生对于学校的喜爱程度会比一般学生低。这部分学生之所以不喜欢学校，和他们的学业成绩低于平均水平有关。大多数教师或许都会认为这是一个没必要争议的事实。而事实上，这指的只是一些极端的情况，例如潜在的辍学生或者在另一个极端上的那些明显对学校感到很满意的优秀生。正是这些极端情况带来了上述一般化的期待，进而认为在这两个极端连接成的整条轴线上，态度和成绩之间都存在某种联系。

可是，会不会态度问卷揭示的程度差异并没有反映学生主观感受上的重大区别呢？可以假设，一小部分学生极其不喜欢学校，而同样数量的学生恰恰相反，但是大多数学生对于课堂经验的感受是混杂的、中性的。或许和成绩之间存在联系的那种态度必定是一些极端态度，而极端态度无论是正面的还是负面的，都比我们通常料想的状况要更加稀少。

/第三章　课堂中的参与和退缩/

尽管教师像电台那样面向全体广播，但学生有没有调
准台就很难说了。更准确的模型是，教师在不同时段面向
不同人进行广播，其余学生则在对别的刺激做出回应。[①]

——哈里·F. 西尔贝曼

正式的社交集会往往从点名开始，这种对每个人的正式识别同时
带有某种仪式价值和实用价值。作为仪式，点名提升了集会的重要性。
让每个成员意识到其他参与者的存在有助于创造一种整体感。点名可
以识别缺席者，这是点名更实用的价值。

在学校和其他有强制参与要求的机构当中，点名的实用价值超出
了它的仪式价值。如果一个学生要享受教学的收益，那么他就必须到
场。没有什么比这一点更明显的了。基于这样一个显而易见的道理，

[①]　Harry F. Silberman，"A Symposium on Current Research on Classroom Behavior of Teachers and Its Implications for Teacher Education,"*Journal of Teacher Education*，1963(3)，pp. 235-237.

教师手中的点名册、一系列旷课制度、旷课检查员的工作、病假条以及其他常见的学校实务，实际上都是为了推动学生来学校上学。在一间空荡荡的教室里进行教学，这显然没有意义。

尽管学生有必要和教师面对面，但这明显不能确保教育目标的实现。除了本人到场以外，参与者还要用一种更复杂的方式来参与。在课堂上，他们必须真正在看、真正在听。在课堂当中，他们需要采取选择性注意，忽略一些刺激，只关注其余。他们必须服从命令，这些命令告诉他们要保持注意、持续努力、开动脑筋。简言之，他们得参与到学习当中来。

在教育类课程和专业文献当中，参与及其对立面(也就是某种形式的退缩)都极其受忽视。然而，照理来看，很难再有别的主题会与教师工作有如此紧密的联系了。当然，与建立和维持学生对于当前学习任务的专注相比，也没有什么是更加直接的教育目标了。几乎所有别的目标都要基于这一基本条件才能实现。可是，这个事实看起来只在过去才更受人们重视。例如，早在几十年前，亨利·C. 莫里森(Henry C. Morrison)就在他那本广为流传的关于中学的著作当中提到：

> 在某种意义上，教学的基本问题是要以某种方式训练学生、安排他的学习、应用有效的控制技术，让学生最终能够成功地被有价值的学习吸引。[1]

---

[1]　Henry C. Morrison，*The Practice of Teaching in the Secondary School*，Chicago，University of Chicago Press，1927，p. 135.

学生的那种主动、持续的应用能力的发展，要在学科内容终归能引发学生持续兴趣的基础上才会实现。在学生身上发展这种能力是任何系统的教学和学习技术的基础。[①]

正如莫里森已经认识到的那样，尽管"持续的应用"在教学上的意义是有限的，但是有别于一般的做法、对课堂中的注意或不注意现象做更深入的考察，仍会给我们带来巨大的收获。事实上，对这一常见现象的详细考察为我们提供了一个有力的视角，可以借此来了解几个常见的教育问题。这是本章考察参与和退缩的目的所在。

下面的内容分为两个部分。第一部分处理的是这个问题的广泛程度。这个部分主要关注的问题是，学生待在座位上时在多大程度上是注意的或者在多大程度上是不注意的。我们强调了相关研究的历史，以便对这个现象获得更丰富的了解。第二部分关注的问题是，教师用什么办法应对学生不注意的威胁。这个部分的核心工作是把教师的努力与更加宽泛的教育目标建立联系。

一

任何一个当过教师的人可能都忍不住怀疑：学生在关注我吗？当然，有时候这个问题很容易回答。那个在教室后排趴着睡觉的学生无

---

① Henry C. Morrison，*The Practice of Teaching in the Secondary School*，Chicago，University of Chicago Press，1927，p. 106.

疑和教室里正在发生的活动脱节了。类似地,那个拼命摇着手、几乎要从座位上站起来、热切希望被点到名的学生无疑是在参与。只要全班能一分为二,要么是在睡觉、要么是举着手,那么教师就能轻而易举地判断出学生们的参与程度了。

可惜的是,通常的情况都不会这么简单。大多数时候,学生既不在睡觉,也不在欠着身子想要回答问题。于是,教师必须学会解读那些更为模糊的行为符号。我们可以看一看教师可能会如何面对那些符号。例如,某个学生两眼发呆,坐在自己的座位上,他脑子里在想什么呢?这些想法与这会儿的任务有关吗?窗台边上那个在奋笔疾书的女孩子在干什么?她是在做笔记,还是在给教室后排的男朋友写纸条?我们该怎么理解那个瞪着天花板的男孩子?他是在梳理刚才的小组讨论,还是想着石膏板上的裂缝像个什么?每位教师都清楚,所有这类事都不太容易下定论。

除了这类模糊性,教师在估计学生的参与程度时还会受到另一个学生行为属性的影响,即学生的行为总是多变的。参与还是退缩,都不是固定不变的。毋宁说,它们都是转瞬即逝的心理特征,可以在转眼间就发生改变。那个两眼发呆的男孩子现在举着手了,那个几分钟以前忙着写什么的女孩子现在开始看着窗外了,那个瞪着天花板的家伙现在开始瞪着教师了,如此等等。学生的姿态总是在变。正如每位教学新手很快会发现的那样,课堂世界瞬息万变,教师往往应接不暇。

学生行为的模糊性和不稳定性对于教师都是巨大的挑战,这会持续消耗他们的精力。但是,除了想要搞明白每个学生是不是投入以外,教师显然还有别的事情要做。教师很快就会发现，如果真要去管学生的注意问题，那他实际上就不可能关注到全体学生了，更何况他同时还要完成教学。尽管有的教师比别人更善于观察，但是一边要环顾四周观察学生，另一边又要投入别的事情，这样的工作即使是最能干的教师也会觉得困难。一边和某个学生进行深入的谈话，另一边还扫视全班学生，这显然需要高超的技巧。因此，一位教师如果全神贯注于自己的课，那么他就可能对身边发生的很多事情视而不见。即使是在最好的状态下，他也只能部分意识到自己的学生是不是在参与合法的活动。他对于这种参与的印象尽管在教学上有巨大的价值，但是并不能视为一种准确的评估。

确保参与的一种解决方案是加入一位外部观察者，他的工作就是要尽可能准确地描述学生注意的变化。自然，这位观察者仍然要面对学生行为的模糊性和不稳定性。另外，他的在场也可能提供了一种附加特征，这本身就可能影响课堂参与。（任何曾经观察过课堂的人都不会忘记他本人也是被观察的对象。）但是，这位观察者至少不需要一边教一边观察。因此，与那些在做其他事情时暗中观察的人相比，观察员的报告可能会更加精准。

因此，尽管存在明显的困难，应用外部观察者这个方法还是值得推荐的。毫不奇怪，已经有几位研究者使用了这个方法来收集有关学生注意方面的信息。与三四十年前相比，对学生注意的直接观察在今天更少见。但是，对巅峰时期的这类研究的述评，一方面可以让我们更多了解课堂中的注意现象，另一方面也可以让我们了解教育研究上的一些变化。

　　莫里森是芝加哥大学教育学教授，是目前为止最有影响力的关于学生注意测量方面的研究者。在《中学的教学实践》(*The Practice of Teaching in the Secondary School*)一书当中，莫里森把教师的任务区分为三类相互关联的活动或技术，分别是控制、执行和管理。其中，第一类是控制技术，原则上必须处理建立和维持群体注意的问题。这在莫里森看来，"是任何系统的教学和学习技术的基础"①。为了发展这一观点，莫里森指出：

　　　　教师的控制技术和他作为课堂技师的总体效能之间存在极大的相关。可以这样假设，与别的拥有稳定的高注意分数的学区或学校相比，在一所有较低或不稳定注意分数的大型学校或者城市学区工作，教学效能更低。②

因此，莫里森认为，管理者和教师在收集课堂生活方面的信息时应力求精准。

　　莫里森推荐的描述和测量学生注意的程序相当简单，因此也颇有吸引力。如果一种测量群体注意③的方法是可取的，那么观察者应该

---

　　①　Henry C. Morrison，*The Practice of Teaching in the Secondary School*，Chicago，University of Chicago Press，1927，p. 103.

　　②　同上，p. 116。

　　③　莫里森区分了他所说的"持续的注意"和"持续的投入"。"注意"指的是学生看着教师，或者其他共同的认知焦点。"投入"指的是学生关注自己手头的学习任务。

坐在教室的一角。他可以看到学生们的脸，每隔一分钟都用眼睛扫视一下全班，数一数那些明显不注意的学生。这个数字被记录下来。等到观察结束以后，学生注意的比例就可以计算出来了，也就是把每分钟内注意的学生数量累加起来，除以整个班级学生总数和观察时间的分钟数的乘积。更精致的测量方法，通常还会计算每分钟内学生注意的比例。

莫里森意识到，并不是每个学生都可以被清晰区分为注意或不注意。但是，他相信这种模糊学生的数量不会很多，并且会随着观察者经验的日渐丰富而逐渐减少。他同时认识到，观察者的在场本身也是一种干扰，会带来有关群体注意方面的虚假图像。考虑到这个危险，他指出在学生们习惯观察者出现之前，观察者需要多次访问这间教室。更通常的情况是："等学生们最初的好奇心得到了满足、开始把心思放到通常的活动中去的时候就可以了。"①

有时候，教师本人也可能想观察某个学生的行为，然后按分钟逐一记录当前任务下这个学生的表现。这种记录会给这个学生看，然后给他做出解释。在莫里斯的经验当中，这样的程序常常足以实现学生学习习惯上的某种显著改进。

在莫里斯看来，测量群体注意最重要的理由，就是给教师提供信息来改进他的工作。尽管根据人们的期望，好教师要比差教师能获得更多的学生注意，但是管理者并不打算使用注意方面的数据去衡量教

① Henry C. Morrison, *The Practice of Teaching in the Secondary School*, Chicago, University of Chicago Press, 1927, p. 116.

师。这种数据主要还是被用作诊断工具，因此更多是建议性的而不是评价性的。

由于莫里森主要关注教学改进，因此他并未想过去汇总描述性数据，以刻画大多数课堂的不注意水平。在莫里森看来，好教师的目标是百分之百的注意。任何在这方面的折扣都要加以关注，甚至引起警觉。全班完全在注意和全班完全不在注意的情况一样，都会偶尔出现，但是这种极端情况的频率和时长从他提供的信息中很难做出估计。幸运的是，我们会看到，通过其他研究者的工作，我们也可以间接得到某种粗率的估计。

甚至在莫里森的书出版以前，一些研究者就已经开始研究学生注意在教育上的重要性了。其中一项最吸引人的研究由威廉·弗伦奇(William French)(他是莫里森的学生)完成，这在 1924 年被作为芝加哥大学教育系的一篇硕士学位论文。[①] 弗伦奇观察了俄克拉何马州德拉姆赖特市 26 位教师的学生在复习课上的行为。其中的 12 名教师在初中工作，其余的在四、五、六年级工作。这份研究的主要目的，是把观察到的师生行为与基于学校校长、督导考试专家、弗伦奇本人提供的一个合成的教师能力系数做比较。

在弗伦奇的研究当中，最让人印象深刻的是教师能力合成系数和复习课上的群体注意水平之间的相关系数达到了 0.82。这个证据可以支持莫里森有关教师控制技术在教学上存在重要性的主张。那些能取

---

① William C. French, "The Correlation between Teaching Ability and Thirteen Measurable Classroom Activities," Unpublished Masters' Thesis, University of Chicago, 1924.

得更高注意水平的教师，同时也是他们的上级管理者评价最高的教师，两者高度一致。相反，那些有大量学生不注意的教师，同时也是在教师能力水平打分上垫底的那部分人。这项研究发现在教学上的寓意简单明了：能干的教师更能得到学生的注意。

除了在总体上考察学生注意和教师教学能力的联系，弗伦奇还报告了其他几项研究发现，为课堂注意问题提供了一个更清晰的图像。例如，他指出高年级学生的注意得分略高于低年级。初中教师注意分数的中位数是94％，其余低年级教师的相应数值是91％。论及更高或更低的年级，弗伦奇推测注意分数并不适于作为教学效能的指针，因为在初中最后一年注意分数会过高、在小学则会过低。他得出的结论是，在"大部分中间水平教师"(也就是小学高年级组、初中低年级组)那里，注意测量提供的信息最有用。这些教师的班级注意得分一般在88％～95％之间。

尽管弗伦奇的研究发现仍要谨慎对待，但是它们仍然可以说是话题性的，为莫里森教学观念中对于群体注意的重视提供了支持。特别要强调的是，不同班级在群体注意上明显存在差异，尽管这些差异的绝对值很小。例如，弗伦奇报告说："最高等级的 7 名教师在全部 105个教学片段当中，只有 6 个(复习)教学片段的得分低于 0.90(群体注意得分)；而在 7 名得分最低的教师那里，在全部 105 个片段当中，只有19 个得分高于 0.90。"[1]此外，他还说："最差的教师在复习环节得到的

① William C. French，"The Correlation between Teaching Ability and Thirteen Measurable Classroom Activities," Unpublished Master's Thesis，University of Chicago，1924，p. 25.

注意，比最好的教师在最差环节的得分还要差。"①因此，至少对于这部分教师来说，虽然注意的学生比例变化较小，但是对于衡量教学效能却有相当大的影响。不幸的是，因为弗伦奇本人也参与了对教师的打分，让这个发现的可信度受到了削弱。尽管如此，他的研究仍旧能启发读者，让他们想要进一步了解注意分数的分布和意义。

另一项对学生注意的研究聚焦的是班级规模对注意学生比例的影响。② 这份研究旨在观察当学生数量持续增加(每周增加 5 名新来者)时，在两个小学班级内部发生了什么。研究者报告说，这两个班级在注意分数上的差异比小班额与大班额之间的差异要更大。其中一位教师获得的学生注意分数的平均分是 90％，另外一位教师获得的平均分是 81％。此外，当第一位教师的学生增加到 50 人的时候，他们的群体注意水平和班级规模是 23 人时的情况一致。由于只是对两个班级的研究，这些研究发现主要是启发性的，并不能提供太多有用的信息。无论如何，它们的确支持了由莫里森提供的例子和弗伦奇的报告给人的总体印象。从中也可以发现，注意分数整体上都比较高，并且教室与教室之间的些微差异在评价教师效能上具有显著影响。

珀西瓦尔·西蒙兹(Percival Symonds)使用了不同的方法来研究学生注意。在 1925 年，他在 30 个小时的课堂教学时间内观察了 10 名九

---

① William C. French，"The Correlation between Teaching Ability and Thirteen Measurable Classroom Activities，"Unpublished Master's Thesis，University of Chicago，1924，p. 25.

② Lofter Bjarnason，"Relation of Class Size to Control of Attention，"*Elementary School Journal*，1925(1)，pp. 36-41.

年级男孩(5人成绩好，5人成绩差)。① 尽管这份报告不包含每个学生的确切注意时间，但是仍说明了那些成绩好的孩子不见得比那些成绩差的孩子更加专心。此外，西蒙兹也发现，在从一件事情转移到另一件事情上时，成绩好的群体表现出了优势。事实上，这是两个群体之间最显著的区别所在。与同一时期的其他研究类似，学生注意的某个方面再次被认为在教学上具有重要影响。

莫里森的书出版以后，有多位研究者把他的群体注意得分纳入了自己的研究。其中，有人把注意力转移到与莫里森的技术相关联的技术性问题上去。例如，C. E. 布卢默(C. E. Blume)试图寻找与注意分数信度有关的信息。② 他派出几对观察者进到17个八年级教室，然后比较每一对观察员各自报告的注意比例。观察员之间的一致性相当高。但是，17个班级在注意方面的差异同样很小，它们的注意分数区间是90％～98％。布卢默谨慎地告诫读者，不要用注意分数作为评价工具。但是，在报告的最后部分他却写道："在别的条件相同的情况下，能带来更高注意的方法，要优于那些只保证中等注意的方法。"③

在刊登布卢默报告的同一本年鉴当中，莫里森的一位同事威廉·S.

---

① P. M. Symonds, "Study Habits of High School Pupils as Shown by Close Observation of Contrasted Groups," *Teachers College Record*, 1926(8), pp. 713-724.

② C. E. Blume. "Techniques in the Measuring of Pupil Attention," in *The National Conference of Supervisors and Directors of Instruction*, *Second Yearbook*, New York, Bureau of Publications, Teachers College, Columbia University, 1929.

③ 同上。

格雷(William S. Gray)建议使用注意分数来监督教师。① 在讨论这个程序的优点时，格雷说："因为只有少数人在特定时刻没有参与，所以作为一项规则，记录必需的事实只需要少量时间。"②格雷间接确认了他人已经报告过的内容：大多数时候、大多数学生在参与当前的任务。受到类似研究发现的鼓励，一位学区负责人在观察自己所在学区的算术课之后说："通过应用明智的计划，要实现百分之百的学生注意并不困难。"③

并不是每位研究者，都热衷于测量群体注意。例如，A. S. 巴尔(A. S. Barr)在有关好教师和差教师的开创性研究当中就放弃了注意分数这一项。他在脚注中解释说，有证据表明对注意的记录太不可信了，因此无法应用。④ 另一位研究者在卡尔顿·华虚朋(Carleton Washburne)的指导下开展工作，计划对文纳特卡学校中的个别化学习计划与周边小学更传统的学习计划进行比较。他的研究沿用了莫里森的程序。⑤ 令人吃惊的是，基于对每所学校的访问，文纳特卡学生的

① W. S. Gray，"Objective Techniques in Supervising Instruction in Reading," in *National Conference of Supervisors and Directors of Instruction*，*Second Yearbook*，New York，Bureau of Publications，Teachers College，Columbia University，1929，pp. 181-192.

② 同上，p. 189。

③ W. E. Long，"Pupil Attention in Arithmetic,"*University of Pittsburgh School of Education Journal*，1927(3)，pp. 27-29，32-33.

④ A. S. Barr，*Characteristic Differences in the Teaching Performance of Good and Poor Teachers of the Social Studies*，Bloomington，Public School Publishing Company，1929，p. 23.

⑤ C. Washburne，Mabel Vogel，and W. S. Gray，"Results of Practical Experiments in Fitting Schools to Individuals," *Supplementary Educational Monograph*，*Journal of Educational Research*，Bloomington，Public School Publishing Company，1926，pp. 106－107.

平均注意比例是 90％，而传统学校学生的这一比例是 97.5％。华虚朋评论道："(这个结果)表明，在班级授课制方法下，学习的儿童具有某种虽然微小但显著的一致倾向，他们比在个别化方法下学习的儿童在注意方面更为整齐划一。当然，新问题在于，孩子的眼睛放在教师身上或者放在书本上，这是不是就表明他真的专心。"①总之，一些早期的怀疑针对的是注意测量的效度问题。

莫里森本人也意识到注意有可能是虚假的，但他认为这通常不会是一个严重的问题。另外一些使用莫里森方案的人也采取了类似的立场。例如，C. W. 克努森(C. W. Knudsen)认为注意分数的准确性并不是它的主要优点。"事实上，教师在场的时候学生会有一种注意方式，教师不在场的时候就完全不是那样。"②尽管意识到了这种不准确性，克努森还是继续支持用群体注意分数来监管教学。③ 他并没有说明理由，看来是因为他相信虚假注意毕竟是少数，而且不同教室的学生注意也相对一致。

克努森关于注意分数的监控价值的讨论还包含一些提示，告诉我们注意水平低到何种程度就算是异常的。显然，如果 80％或者更少的

---

① C. Washburne, Mabel Vogel, and W. S. Gray, "Results of Practical Experiments in Fitting Schools to Individuals," *Supplementary Educational Monograph*, *Journal of Educational Research*, Bloomington, Public School Publishing Company, 1926, pp. 106-107.

② C. W. Knudsen, "A Program of High-School Supervision," *Peabody Journal of Education*, 1930(7), pp. 323-332.

③ C. W. Knudsen, *Evaluation and Improvement of Teaching*, New York, Doubleday, 1932.

学生在注意教师，群体控制水平就应该被认为是过低的。这再一次暗示，大多数学生在大多数时候会被观察到是在注意的。未包括进来的那部分学生可能真的在关注其他事，但是可以相信这个数字会很小。因为没有简易方法来区分虚假注意与真注意，所以除了忽略其间的差异，看起来也没有什么别的更优选择了。

在莫里森的那种取得群体注意分数的方法当中，学生注意的易变性已经得到了默认。读者可能还记得，他建议观察者每分钟都对班级的注意水平做一次评估。按照这个程序，观察者在访问期间将很少有时间做别的事。因此，自然有人想要搞清楚，是否不那么频繁的观察也能提供同样可信的信息。两位研究者观察了共计 78 个初中和高中班级，来尝试解答这个问题。[1] 他们按照每分钟评估一次的标准程序来获得群体注意水平。然后，他们按照 1 分钟、3 分钟、5 分钟的间隔把原始分数加总。结果发现 3 分钟间隔的分数与 1 分钟间隔的分数类似，但是 5 分钟间隔的分数与传统方案得到的研究发现存在巨大差异。据此，他们建议观察者对群体注意的记录频率不应低于每 3 分钟一次。

在 L. J. 布吕克纳（L. J. Brueckner）和 A. 拉登伯格（A. Ladenberg）的报告中提到了他们观察到的课堂的平均注意水平。在全部三种时间间隔当中，评估结果的平均数均略高于 91％。这个数字与其他研究者报告的结果十分一致。

对于通常的课堂注意分数的估计，还可以加入另外两项研究。第一

---

① L. J. Brueckner and A. Ladenberg, "Frequency of Checking Attention and the Reliability of the Attention Quotient," *School Review*, 1933(5)，pp. 370-374.

项研究在俄亥俄州完成，学生观察者在 12 所学校的超过 200 个班级当中进行了 150 个小时的观察。[①] 这些观察最终提供了一个注意的平均比例，表明在不同课堂活动当中这个平均比例在 80.6%～88.2%。研究发现，在学生报告和展示活动当中，学生的注意水平最高；在讨论和做实验时，学生的注意水平最低，注意比例的变化区间是 52%～100%。

第二项研究在两所初中完成。[②] 在其中一所学校，学生按照智商来分组，在另一所学校则未进行能力分组。研究的目的是要确定在注意水平方面两所学校是否存在差异。结果发现，高能力组比低能力组显示出更高的注意水平，但是差异并不太大。简言之，在两所学校之间，学生注意不存在显著差异。这两所学校学生的注意水平都比较高。中等能力水平组的大多数人的学生注意比例是 90% 左右，最低水平是 87%。

让人诧异的是，对于莫里森的群体注意分数最直接的攻击正来自刚刚描述的这份研究的研究者。J. R. 香农(J. R. Shannon)教授当时是位于特雷霍特的印第安纳州立师范学院的教师。他的两项研究让他开始对莫里森的方法提出质疑。[③] 其中一项研究关注的是注意分数和传

---

① R. W. Edmiston and R. W. Braddock, "Study of the Effect of Various Teaching Procedures Upon Observed Group Attention in the Secondary School," *Journal of Educational Psychology*, 1941(9), pp. 665-672.

② J. R. Shannon, "Homogeneous Grouping and Pupil Attention in Junior High Schools," *Teachers College Journal*, 1941(3), pp. 49-52.

③ J. R. Shannon, "A Comparison of Three Means for Measuring Efficiency in Teaching," *Journal of Educational Research*, 1936(7), pp. 501-508; J. R. Shannon, "Measure of the Validity of Attention Scores," *Journal of Educational Research*, 1942 (8), pp. 623-631.

统的教学效能测验之间的关系；另一项研究处理的是注意分数和学校成绩之间的关系。

在 1936 年的这份研究当中，香农派出自己的 14 名研究生去评价一组实习教师的表现。他们使用了三种技术：评分卡(用来给教师特征打分)、非正式的估计(仅用来给经验丰富的教师打分)以及莫里森的注意分数。共有 111 名教师接受了他们的访问和评估，每个人都接受了三种技术中的至少两种。香农发现，评分卡方法和非正式评估的结果更一致，而二者和群体注意分数都更不一致。这个结果让他们得出结论，认为如果把群体注意分数当作好教学的指标会比其他两种方法的效果更差。

另一项研究关注的是注意分数和学校成绩的关系。研究采用了实验设计，包括来自 2 个七年级班级和 2 个八年级班级的 100 名学生。这 4 个班级的教师预先接受了培训，给自己的学生读 10 分钟有关跳伞运动的短文。每间教室配备了 3 名观察员，在教师朗读时按照 1 分钟间隔来获取注意分数。朗读过后，针对材料内容进行测试，测试题都是所读材料中的要点。

在注意分数和成绩测验分数的整体相关系数方面，男孩是 0.67，女孩是 0.34。然而，注意分数的分布(与常见结果类似，多数学生都是注意的)以及包含 10 个项目的成绩测验的信度，让相关性检验的结果变得难以解释。香农本人选择忽略相关系数的重要性，而是指出另外一个事实，即那些不注意的学生(9 名男孩和 28 名女孩有时候会不注意)在注意明显游离时的学习效果和在注意时的学习效果一样好。基于该发现，香农得出结论："这个证据降低了注意测量的效度。结论显而易见，可是莫里森并不这么认为。"①

今天，我们很难确定莫里森以及别人会怎么看待香农的研究。显然，香农本人并不十分确定它们的意义。因为，在第一份研究中质疑完注意分数的有效性以后，香农又利用这个分数来确定同质分组和异质分组的相对优势。

无论当时的舆论氛围如何，看起来香农都是终结性的。在他1942年出版的"跳伞"研究之后，莫里森的注意分数以及它催生的相关研究在专业文献中就不大有人引用了。从历史的角度来看，我们不太清楚为什么会这样。考虑到批评的质量，香农对于课堂注意研究的消失应该没有太大的贡献或者责任。尽管他的研究是启发性的，但还远远算不上是一个严谨的关于注意分数的具有理论与实践价值的检验。即使从他那个时代的研究标准来看，情况也是如此。

关于课堂注意研究兴趣的降低，一个更重要的原因可能是发生在第二次世界大战前后教育界和研究界的一些微妙的和不太微妙的改变。与别的领域相比，教育研究的主流兴趣更加反映社会舆论氛围。在(二十世纪)三十年代到四十年代，这个氛围以几种方式发生了改变，因此一定会对任何关于课堂注意研究的兴趣产生某种抑制性影响。

即使是"注意"这个词本身，也与公众对进步教育以及各种民主教学实践的日渐提升的兴趣不相容。保持学生注意，这个想法本身就有

---

① J. R. Shannon，"Measure of the Validity of Attention Scores，"*Journal of Educational Research*，1942(8)，pp. 623-631.

某种独裁的意味。当时，全国都沉迷于那种激烈的斗争当中，要证明民主的社会安排要优于极权的社会安排。在我们的学校当中，这种斗争的形式是试图表明讨论要优于讲授；与严格和坚定的纪律相比，温情和理解被当作更重要的教师特征。尽管在当时没有引起什么注意，但是华虚朋及其同事的报告其实已经包含了一些奇怪的预言：他们发现，文纳特卡的学生比那些在一般课堂里的学生注意得更少。在那个时代，个别研究、团队项目、学生计划、分组讨论、可移动的课桌已经开始流行。这时，那些对背诵环节发生的事情继续感兴趣的研究者就算不是完全落伍，也一定要被认为是口味独特的。

第二类改变并不像民主课堂运动那么明显。这种改变主要是在心理上把对人类事务的看法由静态转向动态。这种转变在很大程度上与弗洛伊德心理学的兴起有关，体现为研究重点的改变。许多研究者的兴趣从意识过程转向无意识过程，从外显的失序转向潜在的失序，从对个体的研究转向对人格的研究。打个比方来说，这种改变是从表面走向深层。在教育领域，对于学生动机的兴趣开始替代更早期的对于学生课堂行为方式的研究。

由于这些改变都具有某种意识形态意味，结果当课堂注意现象在第二次世界大战以后重新进入研究文献时，连"注意"这个词本身都已经不见踪影了。这丝毫不让人觉得奇怪。同样，再也没有人会提及莫里森及当时人们的作品了。研究者不再基于学生提供的直接可见的信息，而是转向了学生行为的那些更不明显的方面。研究者不再问约翰尼看起来是不是有精神，他们现在想要知道："坐在教室里的时候，约翰尼真正在想的东西是什么?"这里提到的研究,由本杰明·布卢姆(Benjamin Bloom)和他的两位研究生在芝加哥大学完成。[1] 这些研究的主要目标是发展一种技术来解释学生坐在教室里时的思考过程。布卢姆把这项技术命名为"刺激回忆"法。这项方法会在课堂上录音,然后在两天内回放给学生听。录音会在一些关键点上停下来,然后要求学生报告他在当时的想法。这些报告随后会被分类。其中,最重要的问题是,学生报告的想法是否与当时在课上讨论的主题有关。显然,如果一个学生的思考与当时的主题无关,那么他就可以被认为是不注意的。这是一种心理意义上的不注意,不论他在课堂观察者眼中是个什么样。

布卢姆的这项原创性研究的目标是把讲授课和讨论课中的思考过程做一个比较。他的研究对象是芝加哥大学本科生学院的 29 节讨论课和 3 节讲授课。由于研究目标以及样本的非典型性,布卢姆的研究发现与此前那些对公立学校课堂的调查发现之间的对比是没有意义的。尽管如此,此前几位研究者提出的问题,即有一部分学生可能会假装在注意,与布卢姆折算出来的关于不注意的研究发现还是存在某些联系的。

---

① B. S. Bloom, "Thought Processes in Lectures and Discussions," *Journal of General Education*, 1953(7), pp. 160-169; E. L. Gaier, "The Use of Stimulated Recall in Revealing the Relationship Between Selected Personality Variables and the Learning Process," Unpublished Ph. D Dissertation, University of Chicago, 1951; Stella B. Schultz, "A Study of Relationships between Overt Verbal Behavior in the Classroom and Conscious Mental Processes of the Students," Unpublished Ph. D Dissertation, University of Chicago, 1951.

在讲授课上，学生报告的 64％的思考过程与课堂主题或者相关主题有联系。讨论课的相应数据是 55％。[1] 换句话说，有证据表明，在当时全班至少有1/3的学生在心理上是缺席的。要记住，这些数据来自一个非比寻常的由资优生群体构成的学院，执教者也是特别敬业的教师。尽管存在解释和比较上的所有那些困难，但是这些研究发现仍告诉我们，在大多数课堂中实际上存在大量不注意。这可能比莫里森及同时期的研究者们想让我们相信的那种乐观报告要多得多。这个事实不会让早先那些研究失效，甚至在某种意义上还增强了那些研究的价值——那些研究可能仍然反映了事实，当观察者在教室里的时候，大约90％的学生看起来是注意的。如果在考虑到虚假兴趣的前提下，在可见的注意与成绩测验之间仍能发现联系，那么一种对于学生参与的更准确的评价就可能与对学业成功的测验建立更紧密的联系。

在最近两份研究当中，研究者对布卢姆的技术做了修改，来检验课堂中的思考和成绩之间的联系。[2] 在第一份研究当中，L. 西耶戈尔（L. Siegal）和他的合作者发现，在学生思考和成绩测验表现（测验项目是要求学生做回顾报告时涉及的材料内容的要点）之间的相关系数是

---

① 与讨论课相比，在讲授课中呈现的相关思考更多。尽管如此，布卢姆仍得出结论，认为在教学方面讨论要优于讲授。这个论证的事实基础是，与讲授课出现的思考相比，讨论课的思考往往应用了更高阶的理智努力。

② L. Siegel, Lila C. Siegel, P. J. Capretta, R. L. Jones, and H. Berkowitz, "Students' Thoughts during Class: A Criterion for Educational Research," *Journal of Educational Psychology*, 1963(1), pp. 45-51; C. J. Krauskopf, "Use of Written Responses in the Stimulated Recall Method," *Journal of Educational Psychology*, 1963(3), pp. 172-176.

0.59(控制校外学习变量以后，这个数字上升到了 0.61)。在第二份研究当中，在对相关思考的估计和覆盖讲授材料的测验之间，C.J. 卡奥肖夫(C. J. Kraushopf)报告的相关系数是 0.56。他同时报告说，对实验阶段相关思考的估计和一般能力测试之间不存在显著相关。

这两份研究报告的统计数字当然不能就被视为结论。尤其要记住，研究者不是简单地把学生思考区分为与课堂主题相关或者与课堂主题不相关。他们试图建立一个相关等级，在计算相关系数时已经用这种方式进行了加权。无论如何，他们的发现都是令人兴奋的。一方面与成绩测验相关，另一方面又与一般的能力测验不相关，这种变量在教育研究领域的确罕见。

最近两份研究显示，类似莫里森那种对于可见注意的兴趣似乎在复苏。在其中一份研究当中，研究者试图把对注意的直接观察结果与使用布卢姆刺激回忆法的变体得到的结果进行比较。这个比较由布赖斯·赫金斯(Bryce Hudgins)完成。他派出一对观察者到一所初中的 9 个班级收集英语课上的群体注意数据。在为期一周的时间内，每个班级都要接受 5 次访问。除了评估群体注意，观察者要先后 5 次打断教学进程。每一次打断都要求学生完成一份自我报告问卷，要求学生报告自己在之前那个教学片段的注意程度。学生的回答会按照"拒绝社会参与"或者"与教学内容相关"来分类。对于"相关"思考的报告，会根据其明显的相关程度来进行加权，范围从"偏离教学内容、被动思考，到体现了理解或者更高阶认知操作的思考"①。这样，每一份自我报告都可以提供两个数值，一个数值反映了有没有注意，另一个数值反映了注意时的思考品质。这两个数值都与观察者对于群体注意的估计进行比较，同时也与授课教师的估值进行比较。

赫金斯的报告显示，在全部9个班级当中，有5个班级在观察者的注意测量和学生对于不注意的自我报告之间存在统计上的显著负相关，相关系数的范围是−0.70～−0.52。只在2个班级当中，观察者的判断与学生个人报告的思考品质之间存在显著相关。换句话说，在这5个班级当中，观察者能够更准确地捕捉到群体不注意。但是，如果与学生思考层面的那些更细微的区分相比，观察者在教室前面的观察就没有什么启发了。教师的判断与外部观察者的观察基本一致。但是与外来者的观察相比，教师的判断与学生的自我判断没有那么接近。尽管只是有所涉及，但是这些研究发现的确提供了某种证据来鼓励人们继续使用群体注意测量。同时，这类研究也告诉我们，为了对学生注意获得更多了解，不能仅仅局限于使用这种直接程序获得的信息。

最近的第二项研究，由哈丽雅特·M. 拉哈登(Henriette M. Lahaderne)完成。她使用对可见注意的测量，考察了四个六年级教室当中的态度和学业的关联。② 拉哈登女士在超过三个月的时间内反复收

---

① Bryce B. Hudgins，"Attending and Thinking in the Classroom，" American Psychological Association Meeting，New York，1966.

② Henriette M. Lahaderne，"Attitudinal and Intellectual Correlates of Attention：A Study of Four Sixth-Grade Classrooms，" American Educational Research Association，New York，1967.

集了注意测量数据，在每间教室使用的时间接近九个小时。她的观察程序与赫金斯采用的程序相同。同时，与莫里森的工作类似，她为每个学生提供了三项相关测量，分别是：学生被判断为专心的次数、学生被判断为不专心的次数以及观察者认为无法准确判断的次数。这些测量结果会与学生对两份问卷的回答进行对比，分别揭示学生的学习态度以及学生在群体智力测验、阅读、算术、语言能力这四份标准化测验中的表现。

她的研究有两个主要发现。第一，在学生的学校态度与他们的课堂注意测量结果之间几乎没有联系，平均的相关系数是 0.10。第二，学生的课堂注意测量结果和他们在智商测验、成绩测验上的表现有一系列正相关。这种相关程度在 0.37～0.53。此外，当智力差异得到控制以后，注意和成绩之间的联系并没有消失，尽管二者之间的这种联系在不同学科领域之间是有差别的。拉哈登女士的研究发现提升了课堂注意的重要性，将其视为一种重要的教育变量。注意分数和学生态度之间缺乏联系，这虽然也提出了一个有趣的问题，但是注意分数和成绩测验之间的稳固联系巩固了可观察注意的地位，使之成为教育中的一个合理的关注对象。

那么，从莫里森早期的工作到最近的这些研究报告，从这些关于课堂注意的系统研究当中，可以得到什么一般性结论呢？第一，尽管在不同班级之间甚至在同一个班级的每一分钟之间，注意数量都存在可观的差异，但是大多数学生在大多数时间都在投入课堂内容。第二，课堂注意的程度要比表面所见的要少。研究者从一开始就认识到了这一事实。关于这种虚假注意可能会有多广泛，布卢姆的研究提供了一些线索。第三，即使是基于外来观察者的粗略估计，注意程度看起来也与另外一些教育变量有显著联系，例如成绩测验分数、对于教师效能的估计。也有建议认为，注意程度与学生的认知能力之间没有紧密联系。总之，这些结论提供了充分的理由，要求进一步的研究和思考。

即使实证研究结果未达到他们的预期，仍至少有两项别的理由可以推进我们对于课堂注意现象的理解。第一，教师往往会为那些不注意的学生感到担忧，而无论统计结果对于这部分学生的成绩会怎么说。正如下一章将会显示的，对于学生注意的估计会被教师用来判断自己的课堂效能。大面积的不注意预示着教师权威的丧失，往往被初任教师认为是最让人害怕的事①。

第二，学生们偶尔也会为自己的专注力感到担忧。对于那些在学校遇到困难的学生来说，无聊是他们的一个主要抱怨。在阅读诊断中心和儿童指导中心，不能保持专心是一个经常被发现的症状。事实上，许多临床医生认为这是精神病理学中的一个核心问题。因此，大多数学生会在大多数时间保持注意，这并不会削弱不注意问题对于教师或学生的重要性。换句话说，不论采用什么办法，光是数一数有多少人在教室里做白日梦还远未触及这个问题的根本。

---

① 例如：J. Gabriel, *Emotional Problems of the Teacher in the Classroom*, Melbourne, F. W. Cheshire, 1957.

二

尽管早在上一代人那里，莫里森及其同事就正确认识到了课堂注意的重要性，但是从某种意义上来说他们也高估了这种重要性。现在已经很清楚了，他们那种试图让教师实现百分之百注意的努力过于天真。这有几个原因。

第一，正如莫里森本人清楚意识到的那样(尽管他的批评者们不这么认为)，注意的外显符号并不总能指示学生的实际心智状态。正如我们已经看到的那样，所有人的眼睛全都看着教师，并不意味着所有人的想法都在投入当前的任务。过于关注学生是不是看着自己的教师，最终得到的很可能只是对于教师命令的某种表面服从。

第二，布鲁姆刺激回忆技术的研究结果表明，那些在心智上投入课堂任务的学生之间存在重要差异。更具体地说，是存在注意程度和注意类型的差异。有时候，学生就像是记录工具，他会聆听自己的教师和同学说了什么，但是不肯多动脑筋去思考，或者只是乐意"获取事实"。在另外一些时候，学生可能会加入对当前主题更积极的认识活动。有的学生可以把自己刚刚听到的东西与此前学到的知识联系起来，另外一些学生可能是在对刚刚学到的东西的一般价值和未来效用进行评估。事实上，学生有可能沉浸在自己那些发散性的、但又高度相关的思考当中，结果不再听别人在说什么。很明显，这类不注意与那些包含了完全无关事实的不注意非常不同。对于这种"相关的不注意"，教师可能不会心怀芥蒂。事实上，教师甚至可能会鼓励这种不注意。

第三，在某种程度上，为注意而注意与更宽泛的教育目的存在冲突。教师可不是演员，似乎目的只是要吸引他的观众。教师也不是一位车间领班，目的只是让自己的手下做好自己的工作。毋宁说教师有更重要的目标，要在他的带领下促进学生健康成长。教师要吸引学生注意以实现这个目标。但是，吸引学生注意仍只是工具，因此是第二位的追求。要是教师要求的东西只不过是孩子们都盯着他或者盯着书本，那么教师工作就简单多了。如果这就是教师想要的东西，那么他完全可以整天说笑话，又或者一刻不停地挥舞鞭子。但是，这显然不是教师的全部目的。问题的关键在于，既让学生注意，同时又确保学生在投入那些有益的事。每位教师都懂得这有多么不容易。

为了让学生专注于自己的学习，可以采取两类十分不同的策略：一是预防、消除无关干扰，维持适当的学习条件；二是通过恰当的学科内容，确保学生"适应"所学材料。第一类策略包含一些琐碎事务，以维持课堂秩序。第二类策略包含课程决策，看起来要更加重要一点。但是，第一类策略在表面上的琐碎性和第二类策略在表面上的重要性，在教育讨论中往往都被夸大了。为了赢得学生注意，教师不能忽略其中的任何一个方面。

在讨论过程中保持全班注意，或者在个别学习过程中让学生始终关注自己的书本，这个状态很容易被各种内外部干扰破坏掉。至少在小学低年级，教师的大量时间都要用来应付这类小小的突发事件。反而只有很不起眼的那么一点点时间(当然，这并不意味着更不重要)被用来建立行动规则，去预防此类突发事件的发生。

等学生们进入中年级以后，尽管不是总能得到遵守，但是课堂行动的一般规则的确已经被充分认识到了。这时候，教师略微摇一下头或者稍稍用手示意一下就足以把违规者拉回来。更高年级教师在执行这类管理行动时的简便性，让这类规则本身看起来似乎不那么重要了。可是，这只不过是因为，对于大多数高年级学生来说，这样的控制已经被认为是理所当然的了。在低年级时，规则还在建立过程之中，这些规则与学生注意之间的联系也就会显得更加突出。

大多数小学课堂在秩序方面的规则，都包含防止"干扰"这个目标。在低年级，这些干扰可能带有某种破坏性和攻击性的味道。在高年级，这些干扰可能只是让人恼火或者干扰了当前的活动。尽管不同年级、不同教室在规则上可能有点细微的变化，但是它们彼此之间有足够多的相似性，允许我们去讨论其中包含的一般形式。在大多数课堂中能够找到的有关秩序的规则可以被归为五大类。这些规则处理的问题包括：谁可以进入或者离开教室、允许多大的音量、怎么在人群中保护隐私、作业完成以后该做什么、教室内的社交礼仪应发展到何种程度。由于这些问题很少得到系统讨论，所以其中的每一项都值得在这里略做展开。

教室是一个独立、自足的空间，每个孩子都必须把大部分时间花在这同一块弹丸之地上。因此，谁能够进入、谁能够离开这间屋子就成为尤其重要的一条规则了。学生要求离开这间屋子最常见的理由当然就是去卫生间。结果，几乎每一间小学教室都建立了一些常规，让学生们可以有秩序地进出。当然，在使用卫生间的规则方面，还远远不只包括进入和离开的问题。通常还有必要建立一些规则来应对学生大规模离开和大规模进入。这些规则不仅包括学生被期待在什么时间进入和离开，而且还包括对那些迟到者的惩罚（"到办公室去领一张通行证"）、进入或者离开这个房间的具体程序（"现在，女孩子们穿上外套，过来排队"），诸如此类。最后，往往还有一些规则用来管理那些进入教室的意外访客（"访客必须到校长办公室签字"）。毋庸赘言，调控学生进出教室的这些规则，不仅仅是为了保护教师本人的课免受打扰，同时也是为了保护学校里的其他班级。另外，这些规则既是为了预防学生逃离学习，也是为了维系整个教学活动的宁静平和。

大部分教室都是相对安静的地方，维持这种安静也是教师的工作之一。同样，教师确保这一目标的程序在不同年级、不同教室之间也存在差异。而且，不同教师能够忍受的噪声在绝对水平上也一定是不同的。尽管存在这些差异，但是每一位小学教师都必须时不时地面对过大的噪声。低年级教师通常会设定一些常规程序来告诉学生声音太大了。比如，他们可能会关一会儿灯或者在钢琴上弹一段和弦，来表示该安静下来了。这样的符号通常还会伴以教师说的一段简短的话，来重申音量不能过大的必要性。在中高年级，一种相当常见的状况是教师停下手头的事情，然后说"声音，同学们"这一类的话。这个年级的学生已经不再需要进一步的解释了。①

　　小学课堂面对的一个共同难题是如何防止学生们在个别学习、个别作业过程中彼此干扰。解决方案包括维持一个相对低的噪声水平，但是这个方案的内容往往还包含更多的要求。学生们有时候会借着一些看起来合法的理由在房间里来回走动，比如走到削笔刀那里去。在行进途中，他们会停下来打断自己那个正在专心学习的同学。在这种情况下，教师往往会质疑这个学生行动的合法性，比如："约翰尼，你为什么要离开自己的位子？"，然后要求他回到自己的学习中去。

　　在教室里写作业的时候，难免有些人会比另一些人完成得更快。这种状况给小学教师带来了一些必须处理的麻烦。"没事可干"的学生往往就是那个干扰别人的学生。因此，许多教师会给学生们安排一些活动，在不同任务转换的中间时段做。这种活动可能只是一些"无用功"，比如："你为什么不理一理自己的桌子"，或者可能有某种内在的教育价值，比如："作业完成以后，你可以读一本图书馆借来的书。"但是，无论这种建议的活动是什么，大多数小学教师都是在试图消除那些无所事事的学生对于群体注意的潜在威胁。

　　最后一组规则与保持学生注意有关，可以被放在一般课堂礼仪的名目之下。这些规则包括身为一名学生，说什么、做什么都要讲究礼貌、体贴周到。比如，在被点到名之前要举手、忍住不要大笑或者不

---

　　① 有关这种联系要注意的一点是，"斯坦福－比奈智力测验"的作者期望一个普通的十岁儿童能够给出两项理由来解释为什么在学校里不应该太吵。换句话说，人们认为一个普通的四年级孩子不但能够知道这条规则，而且能够理解规则背后的逻辑，甚至能够为别人做出解释。

去嘲笑犯错的同学、站在队伍里不推推搡搡等等。和一般礼仪一样，破坏这些规则往往意味着敌意，因此也会扰乱社会事件的平稳运行。年幼孩子的教师必须时不时地停下来，提醒学生们在这些事情上的责任。

在大多数小学教室都可以观察到的此类规则，出现了一种常见的组织方式。学生们在这个房间里进进出出、他们发出的噪音大小、学生们从屋子的这一头走到那一头、无所事事的学生行为、社交礼仪的破坏，这其中的任何一个课堂事件，都可能破坏整个群体或者个别学生的工作。教师应对这类事件的办法往往是在"班级管理"这个更大的话题下来讨论的。正如此前的"注意"一样，作为一个教育讨论的焦点，"班级管理"这个话题看起来也是一个时代错误。然而，相当清楚的是，教师的成功在很大程度上有赖于他应对这类琐碎事务的能力。正如"班级管理"这个概念表达的那样，那些对自己的班级"失去控制"的教师无法通过优秀的评价工作或者通过在额外的时间搞额外的阅读小组来做出补偿。从教育的角度来说，当群体失控时，一切就都无从谈起了。

教师能意识到这些管理技巧的重要性，并且通常很关心这些技巧的专业价值。入职之初尤其如此。教师之所以在课堂上表示愤怒，往往就是因为班上出现了对刚刚讨论过的某个规则的破坏。（这种事并不罕见，尽管在偶尔的访问当中很难看得到。）事实上，正如教育批评家们很快要指出的那样，维持对群体的控制似乎成了某些教师最在意的东西。可以看到，有时候学生们被要求安静地坐着。保持安静不是因为他们的运动和交谈会干扰全班的注意或者同学的工作，而是因为沉默本身被认为带有某种内在的教学方面的价值。和在课堂上容忍太多的社会混乱一样，这种看法也造成了某些令人不愉快的结果。尽管这是人们想要的东西，但是仅仅有秩序仍旧是不充分的。究其根本来说，秩序甚至是不可取的。即使教师能掌控课堂事务，他也仍然会面对那些会吸引学生注意的重要问题。教师还是必须做出决断，如何确保某种更根本的注意，而不是靠着命令就能得到的那种，比如"所有人都看前面"。关键在于，当整个教室安静下来、所有人都看着教师以后，接下来要做什么。

在课堂管理技术设置的限度之外，有三项基本策略可以增进学生参与。其一是改换课程，让课程内容更接近学生兴趣和需求。其二是对学生进行分组，使之更"适应"既定的课程内容。其三是在教学当中加入某些新颖、幽默、有"人情味"的元素，让一个本来呆板无趣的活动变得生动起来。幸运的是，这三项策略之间并不存在冲突，因此教师不必在三者之间做非此即彼的抉择。在大多数课堂上都可以发现这三者。有时候这是由教师本人发起的，在另外一些时候这是教师管理决策的结果或者是源于教学材料本身的特点。

正如每位教师都知道的，调适课程以适应学生的"天然"兴趣和需求，这是进步教育诸多教义的基础。基于这种对调适的信心，出现了许多创新(往往是某种风尚)，横扫了整个(二十世纪)二十年代到三十年代，并且继续在今天的教育实践中扮演角色。单元式设计、项目式学习、活动学校、学生计划以及诸如此类的方法，过去曾经并且今后仍将继续被作为现代小学的标志。这些程序背后的原理，显然不只涉及学生注意问题。而且，也没有确凿证据表明，有任何这一类做法能够改善学生的注意水平。无论如何，至少出现了一种合乎逻辑的信念，认为学生会更加投入那些他们更加感兴趣的活动，而不是那些预定好的、与他们当下的关切毫无关联的活动。

选择学生以适应已经确定的课程活动，这在某种意义上也同样与进步教育的教义相一致。但是，这个程序不是要修改课程以适应特定群体的学生，而是要召集一群学生，确保他们的能力和兴趣都适合于特定的教育内容。这种筛选可以由学生自己完成，譬如高中和大学的选课系统；也可以由别人来完成，譬如低年级常见的各种分组程序。同样，选课系统和分组实践都不是对学生不注意问题的直接反应，而且同样没有什么具体证据表明，这样选拔出来的学生会比别人更投入学习。但是，至少在逻辑上，他们理应如此。

每个学生都知道，有的教师更加有活力，而另外一些教师更加死气沉沉；有的课令人兴奋，另外一些课则让人百无聊赖。此外，这些差异往往并不取决于教学内容本身或者使用的材料，而是取决于上课的方式。看起来，有的教师能够让那些最无聊的学科变得令人兴奋，而另外一些教师则恰恰会让那些最容易让人兴奋的学科变得无聊。虽然让课堂变得生动有趣的方式可能不胜枚举(其中有很多是得用过之后才知晓其中的门道)，但是一些主要的技术却众所周知，没必要在这里继续耗费笔墨。

同样，寻找证据去表明在课堂上插入新奇、幽默的东西会"起作用"、证明它们会对提升学生注意程度有所贡献，这也同样没有必要。

我们在这些问题上已经有一些粗糙的经验证据了。在那本关于教师个性特点的名作当中,大卫·瑞安斯(David Ryans)提供的数据显示,那些被观察者认为是"启发型""创新型"的教师,同时也往往被同一批观察者认为是拥有一批"机敏的"而不是"麻木的"的学生。[1] 此外,在瑞安斯列出的所有教师特点当中,只有"启发型""创新型"这两项对学生行为具有显著的一致性影响。

关于上述三种增强学生注意的常见策略的讨论(课堂管理方面的细节)已经足够多了,我们可以像本章一开始那样,把话题转向更加宽泛的视角。正如几乎每个学生都清楚意识到的那样,这不仅仅是为了维护一个有秩序的课堂,让学生在其中可以保持警醒(当然这个任务总是很困难);这还包括去塑造一种持久的参与状态,让学生可以持续关注自己面临的教育任务。正如杜威指出的那样,这两个条件彼此联系,但又不完全是同义词。[2]

专注于学校学习的更持久的形式超越了特定课堂环节的时间限度,甚至超越了课堂的物理边界。这与那些普遍的动机状态联系在一起,往往以兴趣、态度、价值为名。换句话说,这是嵌入了塑造学生行为习惯的那种结构的。

这种深层次的参与无法像那种可观察的、表面的注意那样去伪装。

---

[1] D. G. Ryans, *Characteristics of Teachers*, Washington, D. C. , American Council on Education,1960.

[2] J. Dewey, "The Relation of Theory to Practice in Education," in *National Society for the Study of Education*, *Third Yearbook*, *Part I.*, Bloomington, Public School Publishing Company,1904, pp. 9-30.

学生可以伪装自己的外表，但是不能伪装这种外表背后的东西。换句话说，他们可以糊弄老师，但是不能同样轻易地糊弄自己。仅仅为此，参与将是一个对教师来说更加重要的教育目标，而不是莫里森所说的那种百分百的注意。事实上，当从这个更宽泛的视角来看问题时，参与就开始变得重要起来了。我们甚至可以怀疑，除此之外教师还有没有必要去操心别的事。

只要学生真正参与了某些活动，那么到底参与的是什么还很重要吗？至少对于那些年幼的孩子们来说，有一些教师会倾向于说"不"。例如，尽管在如何实现的问题上设置了一些限制，但是威廉·赫德·克伯屈(William Heard Kilpatrick)仍把得到学生的认同或者"全心全意"放在他的教育价值序列的最高位置。与之相比，所有别的事情都被认为是相对更不重要的。他写道：

> 认同是如此重要，值得专门强调。学生总会发现，自己对于不同的活动、工作或经历的喜好程度不一。因此，教师可以通过小组讨论和选择的方式来开展工作，让学习者个体和整个班级都尽可能全心全意地认同选定的活动。[①]

在克伯屈看来，人为地让无聊的材料变得有趣是不足取的方案。这是我们讨论过的一种增进参与的策略。他在下面这个部分明白无误

---

① William H. Kilpatrick, *Philosophy of Education*，New York，Macmillan，1951，p. 306.

地表达了这一点。

> 值得注意的是，在最好的教学当中，我们首先不是去选择教学内容，然后再问怎么让这些材料变得有趣。……最新的观念是从学生当下的状态出发，强调儿童基于真实兴趣的自觉活动。①

> 学生自觉自愿做的事会带来最佳的学习效果。无论是直接学习还是附带学习，莫不如此。因此，我们可以得到一个似乎矛盾的说法：教师的目的是尽可能少地提供帮助，就是说提供尽可能少的直接帮助，同时要辅以学生个体的最佳工作状态。②

换句话说，克伯屈支持教师去增进学生参与，但是他认为有的方案要更好一些。这种选择的理由与克伯屈对于教育所服务的美好生活的理念相一致。我的目的不是要对克伯屈的观点做批判的分析，而是要展示在一位杰出的教育家那里，参与概念占据了多么核心的位置。

所有那些追求学生参与的方案，都在适用范围上存在限制。而且，这些限制未必像克伯屈那样，是出于教育目的上的哲学分歧。毋宁说它们来自前面章节讨论过的那些课堂条件。

改变课程以适应学生的需要和兴趣，这受到下面这项事实性条件

---

① William H. Kilpatrick, *Philosophy of Education*, New York, Macmillan, 1951，p. 305.

② 同上，p. 307。

的限制——不管学生喜不喜欢，他们都得待在学校里。同样，它没有区分学生动机中的稳定部分和变动部分。约翰尼可能对于竖笛有兴趣，但未必是在人们以为的那个时候。

挑选学生以适应课程，这受到在校生数量的限制。教师可以为了特定的活动来给学生分组，但是这种方法所能达到的适应程度仍然只是一种近似的最佳状态。在各种个别化教学当中，课程内容裁剪得更为得体。但是，即使在那种情况下，人群也仍在吸引学生的注意力，进而耗费教师的精力。简言之，在集中教学环境下，个别辅导模型的应用空间是有限的。

即使只是想让自己的教学变得更生动、有趣，也不是一种没有条件限制的确保学生参与的方案。第一，正如我们知道的那样，新颖性会被"消磨掉"。今天让学生着迷的方案，明天就会变成同样老套的东西。此外，教学环节的新颖性是内嵌在更大范围的规矩、章程和常规的网络架构之中的，正是这些东西让学校变成了某种体制。多样性可能会给课堂生活提供一点别样的风味，但这只不过是对那些更乏味、更难以忍受的混合物的点缀而已。第二，即使某位教师特别擅长"做戏"，或者特别擅长给日常事务增加一些热情，他也必须不断提醒自己，他的工作是教学而不只是娱乐。他可以努力增加学生参与，但是他的最终目标是要有益于他们。

那么，对于课堂中的不注意问题，上述内容到底可以提供什么启发呢？第一，尽管教师行为可以增加或者减少问题的严重程度，但是"不注意"作为一个教育问题总是存在的。第二，注意和参与不同，教师最好记得这二者之间的区别。虽然教师可能会付出努力去控制学生注意，虽然教师可能要依靠学生的机敏表现来作为参与的迹象，但是他正在试图培养的恰恰是参与而非注意。第三，在培养人的潜能方面，参与和爱一样都是不充分的。学生的兴趣是重要的，但是它并非教育活动价值的可靠指针。这个结论告诉我们，教师在促成学生全身心的投入时做不得假。也就是说，教师不能把对学生未来发展的关注放在一边，然后说自己在关注他们当下的行动。第四，不注意的基础可能不仅仅是授课内容本身，也不仅仅是学生的心理缺陷，而是来自"上学"这种体制性经验的本质。通常来说，学校本身就是无聊的，不论是算术还是社会科都是如此。换句话说，学校经历不仅仅是各个部分的总和那么简单，它本身就是一个有独立影响的元素。在琢磨后排那个打盹的学生时，教师就可能记起这一点。

/第四章　教师的看法/

> 和别的事情一样，现在教学上最重要的不再是你的哲
> 学是什么。更重要的事情是你是不是有某种哲学，以及你
> 是不是坚持自己的哲学。我唯一厌恶的教学原则是那些说
> 说而已的东西。[①]
>
> ——乔治·伯利亚

跟别的手工艺一样，在教学这个行业当中也有师父，徒弟们需要
向师父们学习。尽管谁有资格作为师父还没有定论，但是每个学区里
都可以找到那么几位教师，无论从什么标准来看他们都可以说是很出
色的，整个行业都受益于这些人。但是，就像杜威发现的那样：

> ……个别人的成功往往是天生的，而且也会随着他们逝
> 去；受益的范围只限于那些有机会直接接触这些杰出教师的学

---

① George Polya, *Mathematical Discovery*, New York, John Wikey and Sons, 1962.

生们……未来，为了防止这样的浪费，唯一的办法就是借助研究，让我们能够分析那些天才教师凭直觉做的事。这种工作累积的成果，可以传递给其他人。[①]

杜威的建议提示我们，向这些教师学习的理想方式是去观察他们的行动。当然，大多数教师教育者似乎都是这么做的。在教师教育课程当中，观察往往扮演了重要的角色，并且在教育研究当中的应用正在与日俱增。但是，教师的课堂行为并不总能揭示我们想要了解的东西。职业态度、伴随成功与失败而来的满意和失望、行动背后的理由，以及教学工作的许多别的方面都很难被观察到。我们必须与那些正在经历这些事情的人谈一谈，才可能得知所有这些。当然，不仅仅是实践者说的话，包括他们的表达方式本身，以及他们有所保留、选择不说出来的东西，往往也包含了有关其经验本质的线索。于是，交谈变得有必要了，尤其是关于课堂生活专业层面的那种特殊交谈。在本章当中，针对其工作与50名杰出教师的谈话为我们提供了素材，可以用来考察教师工作的不同方面。[②]

杜威建议我们去分析天才教师的行为。遵照这个建议遇到的第一个困难，在于哪些教师可以被认为是天才的？教学效能标准的含糊早已声名狼藉。根据某个标准(如学生的成绩)来确定的天才教师人选，

---

① John Dewey，*The Sources of a Science of Education*，New York，Liveright，1929，pp. 10-11.

② 出于写作风格以及可读性方面的考虑，这些教师谈话都经过了改写。

与根据另外一些标准(如管理者的判断)来确定的名单往往不重合①。基于这种考虑,解决人选问题的最佳办法,可能就是应用多种不同的标准,然后只把那些在各个标准或大多数标准上都很出色的教师选拔出来。可惜的是,除了那些专门研究教师效能问题的研究以外,这个程序的费用和复杂性都让它变得不实用。我们要想在这个问题上取得进展,在关于好教学的争论已经被充分解决之前,唯一的选择是根据具体目标来挑选适合的标准,然后在应用结果时时刻保持警惕。

在收集本章的讨论素材时,我们用管理者的判断来识别杰出教师。我承认,管理者对于什么是好教学的定义可能不尽相同,他们对于教师课堂实践的直接了解也一定是匮乏的。但是,无论如何,在大多数学区当中,教师的声望以及教师的优点都会以某种方式被学生、家长以及其余的教师接收到。进而,这些东西也会反映在考试分数和其他学生成绩指标上,从而更容易被管理者了解到。对于特别好的教师和特别差的教师,情况尤其是这样。当然,如果证据不足或者证据彼此冲突,管理者就需要根据自己和教师的接触来做判断了。但可以想象的是,对于那一小部分幸运儿来说,能反映其教学天分的标志既不会匮乏也不会彼此冲突。如果管理者被要求去提名少数几位他的同事作

---

① 有兴趣的读者可以找到几份关于效能标准的研究:N. L. Gage,*Handbook of Research on Teaching*,Skokie,Rand McNally,1963;J. W. Getzels and P. W. Jackson,"Research on the Variable Teacher:Some Comments,"*School Review*,1960(4),pp. 450-462;Philip. W. Jackson,"The Teacher and Individual Differences,"*Sixty-First Yearbook of the National Society for the Study of Education*,*Part I*,Chicago,University of Chicago Press,1962;W. Rabinowitz and R. M. W. Travers,"Problems of Defining and Assessing Teacher Effectiveness,"*Educational Theory*,1953(3),pp. 212-219.

为杰出分子，那么他可能就会选择这些有明显证据的人。如果我们希望从那些以技巧娴熟而著称的教师那里了解关于教学上的某些事情，那么这些管理者的提名、那些他满含骄傲地提出来的教师，看起来满有理由成为吸引人的研究对象。

在选定教师以后，或者至少是在选定标准初步达成共识以后，和这些教师谈什么就成为首要的问题了。杜威所说的"这种工作累积的成果"到底指什么？这些东西可以表达出来吗？

访谈的主要目标是发现好教师怎么看待课堂生活，因此顺理成章的起点可以聚焦于他们教学努力的品质。简单来说，起初的问题可能是，他们怎么知道自己在课堂上做得不错？教师很容易回答这个问题，而且正如我们会看到的那样，他们的答案挑战了几种常见的教育观念和教育实践。

第二组问题来自本书的基本主题。这些问题涉及教师工作与所在社会组织的架构之间的关系。这个部分的访问主要关注的是教师对于两种权威的反应：一个是他自己的权威，另一个是他的上级管理者的权威。有两个问题可以有效呈现这些反应，一个问题处理教师个人工作风格的变化方式，另一个问题处理教师对于自身工作会被如何评价的感受。

最后一组问题关注的是成为教师以后的个人满意度。这些问题基于的假设是，除了按月支付的工资以外，还有些别的什么东西能让教师年复一年地回到课堂。教师的回答不仅证实了这个假设，而且还解释了教师世界观的某个方面。借助这一点，孩子们的学校经历也显得不那么痛苦了。

接下来是关于被讨论教师的一个补充。如上所述，我们的受访者除了一两个例外，统统是由那些被认为对于教师工作质量有某种第一手了解的管理者和监督者来指定的。我们要求这些指定者去选择那些能够在自家学校出色完成工作的教师。通常，一所学校的受访者不会超过两名。因此，正如他们的上级管理者理解的那样，这些教师构成了教职员工当中的前 5％～10％。样本主要来自芝加哥周边的郊区学校，少数来自城市私立学校。

访谈使用磁带录音，一般是放学后在教室里进行的。访谈一般持续约 40 分钟，有的访谈超过 1 个小时。受访者知道我们是想要和那些在学校里拥有好名声的教师交谈。教师得到承诺，他们的回答会得到匿名处理，这些信息不会以任何可能识别出他们的方式被泄露出去。

像这样一个小规模的、经过严格筛选的样本很难代表一般教师，但是这 50 名教师的回答仍有希望提供有关教学过程的一般判断。因此，在应用这些概括时，有必要设置一个大略的边界。如果需要向更大的人群做推论，那么当前的样本或许代表了这样一批小学教师——他们在"优势"学区达到了领先位置，并且赢得了尊重。

认识到这种推论的限度有助于我们更深入地思考这个问题：基于这 50 名受访教师的回答，我们可以对别的教师说些什么？这个问题的另一个提法就是：是否大多数小学教师都会用类似的方式来回答我们的问题。或许那些寻常教师的课堂生活，和那些拥有令人羡慕的声望的教师之间本就不同。这个问题的答案目前还未可知，明显需要把一般教师和这里提到的这部分教师的回答做一番对比。（如何确定谁是一般教师和如何确定谁是杰出教师几乎同样困难。）

无须更具代表性的数据，我们也可以有信心地预测，有些教师确如此处所言，而别的教师则并非如此。如果我们的目标是提供一种人口统计学意义上的描述来讨论整个教师队伍，那么这里的"有些"到底包含多少人就可能会是我们最感兴趣的地方。另外，如果我们的目标是要识别好教师的特征，这也会引起人们的兴趣。但是，这两者都不是本章的目的。本章的目的更加谦逊，只是要看一看那些让人尊敬的教师怎么看待课堂生活，然后去揣测他们这种看法的结果。

做个类比更容易说明问题。巡回法院法官确定的优秀律师如果对最高法院持批评态度，那么在某些情况下这批人的态度就会很重要，而一般法律界人士的看法是否类似，与此并不相干。与之类似，那些被管理者认为有异常才干的教师，如果对工作的某些方面感到不满或者极其推崇特定的教学实践，那么这样的态度本身就会很重要。至于别的教师是否与之类似，也是完全无关紧要的。为什么这部分教师的想法那么重要？如果在学校设计了绩效奖励或者其他认可教师才干的办法，那么他们就是最有可能获奖的人。初任教师在寻求专业建议时，最希望获得的也正是这些人的指点。他们是一些最有可能被安排去指导实习教师的人。他们也是经常被介绍给外来访客的人。简言之，这些教师往往被当成他人的榜样。如果我们最终发现这些模范教师在某些重要方面与普通教师类似，那我们将很难确定这种相似性是否会影响模型的效度或者影响我们对于一般教师和杰出教师的区分。无论如何，刚刚描述过的类似判断都会在学校里反复出现。在专业上得到赞誉的这部分教师的素质，在理论和实践两个方面都会产生影响。

如上所述，访谈问题有三个焦点，分别是教师的自我评价、制度权威的运用以及教师的工作满意度。访谈的目的是，这些教师怎么知道自己的工作完成得好？他们如何处理自身权力与上级管理者之间的关系？如果有的话，课堂生活有什么乐趣？教师在回答这三组问题时，他们的答案包含三到四个反复出现的主题。这比问题本身更具有一般性，因此提供了一种有用的方式来组织访谈材料。这些主题都涉及课堂生活的某个方面，被认为是履行教学职责时所必需的。因此，在下面的讨论中，将会把这些主题和访谈问题本身结合起来使用。每个主题都很复杂，不适合做过于简单的描述。但是，为了方便识记，我还是提供了四个单词来指称它们，分别是即时性、非程式性、自主性以及个别性。这些主题中的每一个都会在材料中做专门的讨论。本章最后一个部分包含对四个主题及其教育应用的讨论。

一

那些需要对满屋子学生负责的人，永远也不会忘掉课堂事件的即时性。课堂有某种此时此刻的紧迫性，以及随时突发的特点。这种即时性固然可以给教师工作带来刺激和变化，但同时也是让教师在一天结束后感到身心俱疲的原因。

虽然教学可能被认为主要关注认知方面的重组，或者在学生那里实现某种不可见的改变，但是这群筛选出来的教师对于这种"未来的收获"并不抱太大期望。在他们看来，教学成果是显而易见的。在教师报告中特别明显的这种即时性，也表现为使用转瞬即逝的行为线索来告诉自己工作得如何。下列这段访问者和一位八年级教师之间的简短互动说明了这一点。

> 访问者：你怎么知道自己什么时候做得好呢？
>
> 受访教师：哦，得看他们的脸。
>
> 访问者：能详细说一说吗？
>
> 受访教师：当然，他们看起来很灵嘛。他们看起来是感兴趣的，看起来有问题、好像打算问一点什么。他们看起来是急着想要学到更多……另外一些时候，你知道自己做得不够好。当学生开始瞎说一气，或者看起来不感兴趣，或者表现出一副无所谓的样子时，你会不好受，你知道自己没做好。

另外一位教师想要确切指出什么时候自己的课很好。和别人一样，他也指出了一些显而易见的警觉或者热忱。

> 我觉得是孩子们的反应，他们看起来从中得到了什么。他们的兴趣、他们的表情、他们听课的样子。

第三位受访者教的是中年级，报告了智识上的发现以及它在面部表情上的反映。

> ……我们一起讨论语言问题的那一天，有个学生起了好奇心，然后问道："如果没有语言，那我们就没有知识，也就不能跟别人说任何事了。我们能做的就只剩下感受。"你可以从她脸上看得懂，她突然就明白整件事情了。

一位有十六年教龄的教师一直在教四年级，她认为要更多依靠听到的东西，而不是看到的东西。

> 受访教师：我靠听就可以。他们要是真在学，你是可以听出来的。
>
> 访问者：你是说教室里常有的那种声音吗？
>
> 受访教师：是的，教室里很常见。现在，课堂并不总需要安安静静的——可以有点噪声、可以嗡嗡的，但是你还是会觉得自己做得不错，觉得每个人都在学习。
>
> 访问者：这能说得准吗？
>
> 受访教师：可以，你能感觉得到。

有位男教师开始时教高中，现在在教小学五年级。他觉得演员对观众反应的敏感性和教师对学生细微变化的敏感性完全类似。对这位教师来说，判断自己是否有效能一点儿也不困难。

这怕是世界上最简单不过的事了。一旦发现有人打哈欠，你就知道自己错过什么了。教学和学习如果不是享受和乐趣，那就都很难完成了。当孩子们在这段时间感觉不好，当他们并没有注意而只是坐在那儿，那么事情就是这样了。一个好演员能够感知到自己的观众，这是一种学不来的舞台感。他知道某个表演是不是好或者是不是顺利，靠的就是某种无凭无据的感受。课堂也是这样。当孩子们开始抵触时，你是能感受到的。

正如下面这位教师的评论显示的那样，教师对这些信号的解读当然不完美。这位教师也被问道："你怎么知道自己做得好？"

像我之前说过的那样，就是一种感觉。可能我过于乐观了，或者我可能还不懂他们。可能我只是因为心情好，就觉得"孩子们真棒！"然后，当我低落时，他们可能就会在那儿想："她这是怎么了？"

另一位受访者在一年级教了七年。对于不感兴趣和真实的学习困难在外显行为上的微妙区别，她做了下面的评论。

首先，喜欢你在做的事和喜欢学你教的东西，这两者是不同的。有时候，他们可能很喜欢，但是完全没在学习。你可以说得上来，他们在什么时候是上心的。但是，你必须得问几个问题，才能知道他们是不是在学习。在一年级的时候，如果不喜欢你做的事，他们会直接告诉你。他们会说"我不想做这个了"，或者"我们什么时候才可以回家"，以及诸如此类的话。他们十分坦诚。但是，如果他们不理解你正在做的事，他们通常不会说出来。他们会爬到桌子上、趴在椅子下面，或者悄悄用别的办法来躲开这事。他们显然不想和整件事有什么联系。如果你问他们，他们或许也知道答案，但不是很上心。他们变得很消极，可又不会给你惹任何麻烦，但是你知道他们完全没有在意。

一些比警觉的表情、高举的小手更加连贯的行为，可以表明学生想学习。这些代表更持久兴趣的信号，可以通过各种方式表现出来。正如下面四位受访者的评论说的那样。

他们会拿点什么过来，像杂志上的文章或者他们自己的画。在科学课或者地理课，他们会画地图。对我来说，这就表示他们感兴趣。同样，他们也会要我给他们布置一些额外的事情做。

你知道，还有一种方式是看他们是不是带了幻灯片过来，是不是带点世界博览会的时事小册子过来。有没有客人也会是一个线索。某个学生有从别的镇子过来的堂妹，然后问我："她早上能待在这里吗？"这时候，你可以说自己已经得到点什么了。当然，这也可能只是因为她妈妈今天早晨想要摆脱这个孩子。也有家长来学校，因为孩子希望他能看一看自己在学校里做什么。

如果他们带科学实验要用的东西来，我就知道自己抓住他们的兴趣了。

如果我鼓励他们在教科书以外多读一点，如果他们能够尝试去读别的书、想要找图片和别的信息，那我就觉得他们对这个主题是感兴趣的。

这里提供的这些访谈呼吁我们注意教师工作和更广泛的教育目标之间的关系。这种关系具有一些令人困惑的特点。一方面，学校适合被描述为一个未来取向的社会机构。学校最终关注的是客户在未来的福祉。少数教师可能不喜欢这样的描述，坚持认为学校就是生活，反过来生活就是学校。但是，即使是在低年级，学校的预备功能也是很难否定的，尽管这时候的主要目标是"享受快乐"。然而，如果我们相信这些老练教师的证词，那么恰恰是今天的行为而不是未来的检验才是衡量教师进步的标杆。事实上，这些教师对于各类考试和测验的态度相当重要，有必要做专门讨论。

在最宽泛的意义上，学校的目标是促进学习。因此，从理想的角度来看，我们会期待教师把学生成长作为最大的满足。此外，学生在各类商业的或者教师自编的学业测验上的表现，看来也可以提供客观、易得的关于此类成长的证据。至少从逻辑上来说，尽心的教师应该为测验反映出来的学生进步或者退步感到骄傲或者失望。但是，在与人有关的事情上，逻辑往往并不起作用。访谈材料的一个最有趣的特点是，在讨论学生学习的问题时，受访者并未参照任何客观证据。

对于测验，教师即使有所提及，也并不十分强调。这些教师认为，为了帮助自己理解工作做得怎么样，测验往往只是一个次要的参照物。

学生的热情和参与似乎要比他们在测验中的表现显得更加重要。下面这位四年级教师的评论表现得很明显。在这里，她指出了一些自己信任的教师效能的证据。

当孩子们兴致勃勃地做着什么的时候，我就知道自己成功了。我想，这也就是学生的感受和他们行动的方式。我不认为你可以凭空这么说，不认为你可以对照目标这么说，也不认为你可以靠测验来下这个判断。关键是孩子们要觉得自己是课堂活动的一部分，并且在参与时充满了乐趣。

在整个访谈期间，关于测验的最热情的表达来自一位五年级教师。在下面这段访问当中，她描述了怎么才能知道自己的工作做得好。

我并不完全依靠测验。在学年一开始，我会利用测验来了解他们已经知道了什么。随后，在这一年接下来的时间里，我可以通过他们的态度和他们的作业本来了解他们学到了多少。我相当依赖作业本。我偶尔也会做测验，但是也会依靠别的东西来判断他们的进步。

回避纸笔测验的几个理由，其实这些教师已经暗示过了。例如，在非常低的年级，即使教师想要做测验，也很少有商业测验可以选用。一位二年级教师说：

> 整个二年级的内容都很少有什么测验。你可以设计自己的测验，但是没有什么好的标准化测验。"爱荷华（教育发展）测验"是从三年级开始的。但是，除非孩子们在四年级时再做上一次，否则这个测验结果就什么也说明不了。你得等上整整一年才可能从中得到点什么。

即使在有正式成绩测验计划的学校，即使他们打算向教师报告测验结果，也往往会因为结果来得太晚而不能发挥什么作用。当问到是否会用到教育局提供的客观成绩数据时，一位教师评论道：

> 受访教师：我总是急着想看到标准分，看看孩子们做得怎么样。但是，这分数总是在学年末才出来，而那时候已经来不及做任何事情了。这只是其中一桩。
>
> 访问者：但是，这有可能影响你对下一班学生的方式吗？
>
> 受访教师：下一班？没有什么影响。

然而，从心理的角度来看，缺少有用的工具以及应用这些工具时的低效管理方式，并没有教师对测验的整体不信任来得重要。这种不信任的态度在几份访谈当中表现得十分明显。这种不信任可以找到两类主要形式。第一，认为儿童在测验中的行为并不典型。测验信息往往不能肯定教师从课堂接触中得来的判断。进而当测验分数和教师判断之间出现矛盾时，教师看来更喜欢去否定测验信息的准确性，而不是改变自己之前对于学生的判断。在这一点上，下面这则评论是个典型。

　　　　我也做书面测验，但我并不十分看重它。就我的个人经历来看，我曾经有个学科学得好，但是在测验当中表现得并不好。我强调课堂上的口头参与，我可以说得上来他们是不是感兴趣。

　　　　当然，测验也会有一些帮助，但是我不觉得孩子们会在测验中好好答题，让你可以准确说出他们的进展。很多在测验中表现不好的人，在平时作业中却可以看到进步。你也可以根据他们的态度改变来判断他们的进步。他们有那么多不喜欢的东西："我不喜欢这个""我不想做那个"。当他们的态度发生改变时，他们就开始喜爱自己做的事，他们也就可以做好这件事了。这时候，我就觉得他们取得了进步。

　　　　有时候挺让人沮丧的。我觉得材料已经处理得很充分了，但是在测验以后，我看着分数时就会想："哦，天呐！我教得难道不比这好点儿吗?"然后我就会停下来想，他们学到的当然要比之前知道的东西多一点，你总不能指望他们记住每一个细节……

第二种形式的不信任认为，在测验成绩上的表现更多反映了学生与生俱来的能力而不是教学效能。因此，一年来的进步或退步，常常被解释为"自然而然"的现象。这种测验结果对于教师来说价值很小，不能提供什么有用的信息。一位三年级教师是这样说的：

成绩等级当然意味着一点什么，但是你不能拿这个班的成绩和另一个班的成绩做比较，因为你们手头上的孩子是根本不同的。我不认为我们应该根据测验结果判断教学成绩。我仍然能回想起曾经教过的一个班级。那个班在做完三单元、四单元的练习以后，还能有富余的时间。此前、此后，我都再也没有遇到过类似的班级。比如，上一年这个班的成绩我就不想拿出来，因为的确不好。从学区层面的和国家层面来看，他们的成绩没什么问题。但是，如果你把这两个班的成绩单放在一块儿，那要么显得我上一年的工作做得不好，要么显得我以前那年的工作才做得最好。事情不是这样的。这些记录只能算我手头的一份材料，仅此而已。

在问到什么时候自己的教学行为会受学生测验表现的影响时，一位四年级教师做了下面这些评论。

> 例如，如果我的所有孩子的阅读分数都很低，那我就可能会受影响。但是，这不太可能。我的意思是，要是真出了这样的事，那也可能和教师没有什么关系。

在极端情况下，目标测验被认为是由权威控制的，与教学目标和课堂常规完全无关。在出现这种情况时，教师当然会把测验看作一桩麻烦事。这一点儿也不奇怪。

> 要花整整一个小时做标准化测验，去看学生是不是真得懂算术，这让我感到很苦恼。这只是在为"数学教育研究协会"的报告服务。我知道自己的学生懂什么。可就因为这是一项普查，我们就不得不配合。
>
> 今天很累，因为孩子们早上考试了。我实际上没做什么，只是打打分而已。我倒是想忙碌一点，整天什么也不干让我觉得更加疲惫。

这些访谈摘录给我们这样的印象：杰出的小学教师在判断自身效能时并不经常求助于学校成绩等客观方法，他们也不把它作为一种专业满意度的来源。进而，对于做得怎么样这个问题，看起来是可以通过教学环境中学生的不断反馈来回答的。即时性的兴趣和热情是最受重视的好教学的标志。当然，学生在各个环节上所做贡献的品质也经常会被提到。

这些教师对测验的态度以及他们对转瞬即逝的行动线索的依赖，共同创造了一对表面看来相互矛盾的范畴，即当下取向的教师和未来取向的机构之间的矛盾。看起来，这二者不就是矛盾的吗？教师对今日的关注和学校对于明日的关注是不是冲突的？答案是："不，未必。"很显然，教师可以考试、可以从长远着眼，但另一方面教师也可以去关注学生的参与和热情。在特定条件下，这种双重关注的可能性，也能成为教师不安的一个来源。访谈资料显示，甚至是那些在各自学区已经得到了令人羡慕的声望的教师，在他们身上也可以看到这类不安。

二

访谈材料的第二个主题可以称为非程式性。在许多教师的评论当中，有两点显而易见。这个主题首先表现在教师提供的关于教学风格的描述上。当要求教师描述他们与学生在一起工作时的独特方式时，教师往往聚焦于日常工作的程式性或非程式性的程度。对于其中的几位教师来说，有关风格这样宽泛的问题看起来可以被归结为一个更加聚焦的问题，即教师在课堂上如何行使自己的权威。一位教二年级的年轻教师直截了当地回答了我们关于教学风格的提问。

我觉得自己对待孩子们的方式很随意，如果有必要我甚至会用挖苦的办法。

我们的受访教师会拿自己的工作方式和那些"老派"的教师或者自己儿时的教师做比较。可以想见，这种比较的重点往往是强调受访教师的课堂有更大的自由和非程式性。以下这份来自五年级教师的回应就很典型。

> 我对小孩子的态度十分自由、友善。这和老派的教学，也就是我儿时经历的那种教学十分不同，的确是这样的。这是一所很棒的学校，在这儿工作很不错。孩子们非常善于学习。和别的地方相比，在这儿可能更容易采取这种方式。
>
> 我想说，在教学中我必须得加进去更多的自由，因为每个班都是不同的。每个班都要用不同的时间来学你给他们的东西。我自己会说很多话，就是口头陈述，但不是正式的讲解。为了保持孩子们的兴趣，我试图维持某种非程式性的氛围。在这种氛围当中，教学可以出现很多惊喜。

一位在小学工作了四十年的教坛老将这样描述自己的风格。

> 在教室里，我不想搞得那么程式化。我的意思是，当问题提出来、学生们开始讨论的时候，我想尽可能像一家人围坐在壁炉或者餐桌旁那样。当然，我也相信纪律，但不是很多年前

教师们采用的那种权威性纪律，像我妈教书时那样。从另一个方面来看，我希望孩子们有时候能轻松地说"我不同意你"或者"我觉得你犯了错"。我想在任何时候都觉得可以对孩子们说："对这件事我也不确定，我想要查查看。"我不希望这屋子里的孩子们对学习感到紧张，我不希望他们的神经是紧绷着的。一个孩子能有和自己的能力相称的表现，这是我对每个人的最高期望。

当被要求去描述自己的教学如何随着时间发生改变的时候，几位受访教师提到了第二个有关非程式性的要点。一部分教师，尤其是那些更缺少经验的教师，常常会关注短周期的改变。一位五年级教师回应道：

> 在学年一开始，我的教学总要比认识了全班以后的状况要更加结构化、更加严格。在你放松下来、保持弹性之前，你得先认识全班。

另外一些教师会关注贯穿在整个教学生涯中的那些改变。同时，对这部分教师来说，程式性或非程式性这个维度往往很突出。正如下面这位五年级教师所回应的那样。

> 我想自己已经改变很多了，从最初想要成为一名非常正儿

八经的教师，到想要成为一名不那么刻板的教师。在刚开始当教师的时候，我非常关心能不能控制我的班级。很多时候，如果我稍有放松、给他们更大自由，我就会觉得自己快要失去纪律了。同时，我也不知道可能会给儿童设置的限制是什么或者他们会走多远。我不知道什么样的限度是合理的。当我更适应这个年龄孩子的典型行为以后，对我来说设置一些更不严苛的界限就变得容易多了。

对于任何曾在小学尤其是那些郊区学校里待过一段时间的人来说，对于这些有关非程式性的表述都不会感到诧异。今天的课堂是以可移动的桌子、可折叠的屏风以及相应的各种社会性活动为标志的。已经消失的是往日那种固定的桌椅以及僵硬的坐姿。但是，非程式性显然只是一个相对程度的问题。它的意义是通过比较来描述的，和"过去的教学"或者"当教师选择行使自己的全部权威时的教学"做比较。正如这些教师使用的概念所表明的那样，"非程式性"意味着更少程式化，而不是更不正式。因为，即使是在最新式的课堂当中，很多课堂行为也仍然要根据程式、规则和习俗来运行。与他们的前辈相比，今天的教师对于权威的应用更加宽松，而且随着教师经验的丰富，这种宽松程度还会越来越高。但是，教师可以在这个方向上走多远，的确存在一个限度。作为一个群体，我们的受访者明确承认和尊重这种限度。对他们来说，对非程式性的偏爱绝不会强烈到要去破坏机构定义的责任、权威和传统。

三

访谈中出现的第三个主题，涉及教师对专业自主性的理解。这个主题与非程式性这个主题类似，但关注的不是教师和学生的关系，而是教师与领导者的关系。显然，这当中的刻板性和程式性要更重一点。

我们的访谈提到了对于教师自主性的两个主要威胁，或者至少是两个假想条件。一旦它们变成现实，教师就会抱怨。其一关注的是完全失去弹性的课程的可能性，其二关注的是追求考试的上级侵入课堂的可能性。受访教师十分强调自己在第一种条件下会怎么做。例如，在想到自己的专业自主性可能会消失的时候，一位五年级教师表现得十分不安。

> 如果有人给我一份课程手册、一堆课时计划，然后跟我说"你应该这样教""你要在这个时间，花这么长时间来教这些个东西"，如果他们把教学搞得这么僵化，或者告诉我必须使用这本书或者那本书、不能自己补充材料，那我就不干了。忘掉吧！你完全可以雇一个红毛猩猩来完成这些书。你真的可以这么干！真要是那样，我明天就会走出这间教室。

不仅男教师会回避过多的课程材料，许多女教师也同样如此。例如，一位女性受访者坦言：

......我从别的学区转到这里就是因为这个原因。那里的督导太多了，那里有很多这样的话："在某某时间，我们都要教某某书上的某某页。"我不明白，人们怎么能用这种方式教书，因为人根本就不是这样的。比如，你有十位教师在教同一个年级，你就可以得到十种不同的教学方式，然后孩子们会在这一年结束时表明他们学到了很多。十位教师就会有十种不同的方式来呈现事物，因为他们是十个不同的个体。

在评论那种对选择教学材料的权限增加限制的改变时，一位有十年教龄的四年级教师态度同样很坚决。她脱口而出道："我会被解雇的！我干不了那种活！"然后，她继续描述了在自己学校发生的一件事。

有一个关于数学的例子，我们教师觉得它不适合四年级。于是，我们最近集中了所有四年级教师，删掉了那些我们认为学生们掌握不了的内容。我们告诉校长我们做了什么。现在，如果他说："你不能这么干，你必须教这些东西。"那我会说："好吧，你看来需要一位新教师了。"这就是我的态度。在那种情况下，我会很不舒服。要是我又觉得自己必须保住这份工作，那么我会很惨的。

另一位四年级教师试图尽量详细地向访问者解释她不喜欢什么以及为什么不喜欢。

如果有人告诉我，必须在 9：00～9：35 之间教算术，在 9：35～9：45 之间教拼写，这会让我觉得很烦。有一个安排是好事，但是我不喜欢他们说："现在，如果我们在 9：30 来到你的教室，这是我们希望看到你在教的东西。"是的，这会让我感到困扰。我一点儿也不喜欢这样，我也肯定不会这样做。这么干没有什么弹性，不是吗？保持弹性才是我喜欢的。假设孩子们跟我说："哦，老师，这是年初的时候我们学过的那首歌。"而这首歌就在他们刚刚读的那本书里。我会说："很好，我很久没想起这首歌了。我们一起唱一唱吧。"于是，我们就在阅读的中间停下来，一起去唱那首歌了。他们非常喜欢这样。你看到他们小小的身体往后倚靠着、十分放松。你知道，这其实也让我觉得很放松。

与过度课程控制的威胁相关，是要求教师提前很长时间就设计好自己的工作。几位受访者显然不喜欢这样的做法。正如一位有二十九年教龄的教师所说的那样。

在隔壁学区，老师得提前九周写好教案，而且必须通过检查。自从我开始教书以来，我就不相信自己曾经写过哪怕一份教案。要是哪天我遇到了一位学区负责人或者校长竟然要求我提前九周就写好教案，那我一定会感到震惊的。我可能也会写点什么，但会不会遵照执行就不知道了。那是另一回事。

在这类抱怨当中有两个不安的来源。第一是担心课堂的即时性被过多限制破坏，第二是隐含的羞辱意味对于教师专业尊严的伤害。这两点在下面这位二年级教师的话当中都有涉及。

> 尊重老师自己的教学观念，不要告诉他们应该怎么做，这一点我觉得很重要。我个人不喜欢别人给我一份课程手册，然后说"照着做"。我想在自己想要做的时候，去做自己想做的事。我有朋友在别的学区，必须提前一周或一个月上交教案。在我看来这种安排蠢得不行，因为你根本就不会那么教。如果有什么感兴趣的东西出现了，比如一只蝴蝶飞到窗边来了，那么我们就可以谈一谈蝴蝶。我也会每周写教案，可是也许周一早上9：00～10：00我还会照着做，但是差不多到10：00我就抛开它了。我之所以要写，是为了代课老师，或者也是为了我自己，比如我真的很难决定做什么的时候就可以看看我的本子，看看自己本来打算做什么。但是，这正是让我感到恼火的地方。

频繁的观摩也会让教师感到不安。这种感受同样与专业尊严有关。同样是上面这位二年级教师，她刚刚谈到过一只蝴蝶的意外打扰。当干扰变成一位教育局工作人员的时候，她就会相当不舒服。

我讨厌被人观摩，我也讨厌校长、学区负责人或者别的什么人总是来打扰我。我想……这是一个不寻常的学区，我们很少被人参观。有时候我也会好奇自己做得怎么样。现在，我不这样想了，因为我是自信的。我知道自己的工作做得相当不错，因为我不必让很多学生留级，而且三年级老师们也没有什么抱怨。但是，刚开始教学时我常常会好奇，学生们有没有理解我做了什么。我本来也可以玩那种对标的小把戏。但是，我觉得这种把戏只关心最初的目标设计、是在很小心地把人的因素排除在外。如果没人检查，我的工作就会做得更好。如果我做得不够，我会感到内疚。但是如果有人来检查我，我就会用另一种方式来工作了。我会倔强地说："好吧，来看吧，我偏偏什么也不做。"这是体制给我的困扰之一。

显然，参观者的意图，也就是要来"检查"的意图，比他们本人的在场对教师的干扰还要更大一些。一位教师这样说：

受访教师：有人进出我的教室，这并不让我感到困扰。但是，要是有人进来、开始做记录，这就让我烦心了。这是我从那个学校离开的另一个原因。

访问者：为什么会让你烦心？

受访教师：我觉得他们打算批评我，我不清楚。这不是因为我受不得别人批评，但这就是让我不舒服：有个人坐下来，一边看着我、一边做记录。

我们的一些受访教师强烈反对被评价。他们威胁说，与忍受外来评价者的眼光相比，他们更愿意离开教室。当我们讨论受访者的专业地位时，这种态度十分明显。要记得，这些教师在他们的领导眼中都是出色的。换句话说，这意味着他们可能最不需要隐藏，也最有可能从评价人员的访问中获得最大收益。然而，即使是最有经验的人，也无法消除某些担忧。例如，有位把一生的大部分时间都用来与孩子们待在一起的一年级教师，可能会被认为是最不可能离职的人。可是，她脱口就说：

> 如果知道必须面对绩效评价，那我马上就会辞职。这是因为各种各样的原因。但是，在这个学区，我们可以在不同年级自由地去做我们认为正确的事。

很显然，这些教师觉得，把教室门关上、把课程手册收起来是最让人感觉舒适的时候。但是，他们对于保存专业自主性的希望，不能被误解为渴望孤独或者完全独立。这些教师并不抱怨集中和体制化的生活。他们并不希望总是一个人和满屋子学生待在一起，他们仅仅是希望在履行自己的职责时能够免于检查。事实上，我们访谈中的许多迹象都表明，他们希望获得学区内其他专家的更多帮助，比如那些音乐教师和艺术教师。换句话说，这些教师并不要求回到单间学校的那种孤独状态当中去。他们渴望同伴、渴望协助，但同时也渴望保存课堂的独立性。

在教师面对既有课程的态度当中，也可以发现类似的复杂性：没有人希望从零开始设计自己的教程，看起来所有人都十分希望接受课程委员会和教科书设计者的指导，但是他们希望这种指导能为即时性和专业判断的应用保留空间。和教师对非程式性的渴望一样，这再次表明教师渴望的自由是一种有限度的自由。

四

访谈中发现的第四个主题可以用"个别性"来概括。它涉及的是班级中每一位学生的个人福祉。当要求教师描述工作给他带来什么满足时，教师的回答让这一点变得尤为明显。尽管教师面对的是整个班级，但是在个别学生身上发生的事情才是他真正在意的。正如某位教师所说：

> 我想，让我留在教学这一行的原因也许不是每年接触的这全部二十五或三十个小孩子，而是其中的某一个或者某两个。他会突然开窍，开始理解这个世界。我想，就是因为这样的事，以及年复一年从孩子们和他们的家人们那里得到的感恩。一个发展迟缓的孩子或者一个害羞的孩子突然间绽放，这似乎让一切都变得值得了。

尽管学生的短时注意和参与也会让教师高兴，但是这并不是课堂生活能给教师提供的最大满足。教学的乐趣有很多。至少对那些献身于这个行业的人来说，用"乐趣"会比用"满足"来形容要更加贴切。正如我们已经看到的那样，教学的乐趣不限于达到官方的教育目标(尽管这也是其中之一)。毋宁说，教学的乐趣反映的是小学教师角色包含的各种责任和机遇。此外，这也与教师看到的在个别学生身上发生的事情紧密相关。一种介绍此类乐趣的办法，是根据每种乐趣的情感强度来排序。

　　其中一个极端可能是持续的满足。它的强度通常都比较低，可能只是由于这个人觉得自己在做一件正确的事。觉得自己有用，是对这类满足的最近似的描述。正如一位郊区教师所说：

　　　　我想这就像传教士的工作。我一直都在关注社会，而且我认为就算在目前这些社区当中也确实有很多工作可以做，而不仅仅是在那些处境不利的社区。

　　当然，小学教师的"传教工作"有一个显著的特征，那就是受益者的年龄。教师不仅要帮助人，而且是在其生命中最重要的时期来帮助他们——在他们还很年幼的时候。

　　下面的这则评论来自一位二年级教师，她意识到一个人的早期阶段在塑造未来发展上的潜能。

我想，在你帮助年轻人的时候——我不知道，这很难回答，你总是在教他们一点新东西，你在推动他们发展。尤其是在这个年纪上，如果他们没有打好底子，我是这样想的，如果在二年级结束之前还没有打好底子，他们以后是要遇到麻烦的。

　　于是，在感觉有用的背后还会有某种紧迫感。类似于传教，教师也只有有限的时间去完成自己的工作。此外，如果教师没有成功，这种恶劣后果也同样是难以弥补的。失败的可能性、时间匮乏的可能性以及各种努力被浪费的可能性给教师工作加入了某种冒险的意味。许多非正式的社会服务工作是没有这种意味的，比如说女性援助志愿者的工作。同样，教师可能失败这个事实当然也意味着他可能取得成功。几名教师都提到，对学生进步的认知(这是工作取得成功的非官方标志)是满足感的重要来源。这比成为一桩有用的事业的一员更能够提供强烈的情感体验。下面这组回答，就是这种想法的缩影。

　　让我们来谈一谈回报吧。我想，仅仅是看到他们是快乐的、看到他们在进步，就是最大的回报了。
　　看到一个孩子取得了成功，这就是足够大的回报了。我想这是我们在教育中真正努力追求的东西。我们想看到一个孩子在生活中找到自己的位置，并且取得了成功。只要他路子走得对，就算还只是在上学，我们也会感到快乐。在他们继续前进取得进步的时候，我们是在看着的，至少我在看着这群年轻人。我和四年级教师们一起核对过，看看我做过的事情对于他们走上这条道路有没有什么帮助或者妨碍。

孩子们的进步就是对我的回报。我曾经密切关注过他们是如何取得进步的。如果有个小孩儿在秋季入学时有许多问题和困惑，后来他克服了其中的一些问题和困难，那我就会觉得我们在进步、觉得我们得到了一点什么。

在看到他们脸上因为某个想法或者成就感而焕发容光的时候，我就会突然得到巨大的快乐。

在最后一段引文当中，"焕发容光"和"突然"提醒我们关注课堂生活的一个特点。意外事件经常出现，这成了情感和满足的另一个来源。没有人能非常准确地预测某一天的教学是不是会愉快和兴奋。至少对于那些渴望变化的教师来说，情况就是这样的。这种感受在下面这段引文中得到了很好的表达。这来自一位三年级教师。

我只希望每个人都能感受到教学中的那种兴奋，那种想要进入教室的冲动。这是最奇怪的事了……无论你是沮丧还是难受，又或者事情不再那么称心如意，你都会在清晨来到教室。这时，会有一个孩子跑到你这里来，一下子每件事情都会变好起来，因为你正在被需要。也许这个孩子正不高兴，结果你就忘记了自己的麻烦。也许他进来时还带着什么想要告诉你的东西，结果这就成了世界上最重要的事情了。你知道，你突然就忘掉了自己的麻烦。我真怀疑，有没有别的什么职业也是这样的，别的人是不是也有过这样的喜悦。

在下面这两位的陈述当中，意外和惊喜也是突出的主题。第一位教师来自五年级，第二位教师来自八年级。

好的，我已经提到了教学中一些让人兴奋的地方：课堂讨论突然转到一个让人惊喜的方向，一个你从没有设想过的方向，或者达到一个你做梦都想不到的程度。一个从来都没什么想法的学生，看起来突然发现了一点什么，把两件事情联系起来了："那个跟这个一样。"有时候，有个小孩儿突然就开窍了，做了一件你永远也不觉得他能做到的事。有时候，整个班级一道做了一件你永远也不觉得这个班级会做到的事。有一次，一个五年级小女孩在课后跟我说："我刚刚学会除法了。"就在那天，就在上课的时候。我不知道这是怎么发生的，但是这的的确确发生了。

你当然会有回报，至少我觉得自己每天都能得到回报。这或许是因为小班额。这让我可以观察得更加仔细，会比一个更大班额的教师更容易看到学生的进步。几乎没有哪一天会没有学生突然做得很棒、掌握了某些不同的东西，或者在他们的眼睛里闪耀的某种光芒，又或者做到了你不认为他可以做到的事。这就是给我的回报。

当然，惊喜和意外的课堂事件并不总与学习目标有关。有时候，学生的某个行为只是很有意思，但是与教育目标没有什么关联。

> 哦，我喜欢看孩子们的反应，他们说的话、做的事。有时候他们就是这么有意思，我真想抽时间来写本书，但是你根本没法写到那种程度，能够像事情发生时那么有趣。

课堂中的意外事件在体量和重要性上变化巨大。有的可能是一些偶尔发生的趣事或者让人恼火的小事。另外一些，则可能是巨大的进步或者学习动机上的觉醒。这和宗教皈依类似，越是戏剧性的变化，越有可能成为教师满足感的来源。这种满足比已经描述过的那些在情感上要更深一个层次。如果说一般的意外事件可以给教师工作带来一点兴奋，那么这些课堂"魔法"则会因为其巨大的比例和巨大的心理重要性，让那些有机会亲眼见证的教师体验到某种近乎震撼的效果。

在教师的描述当中，常常会使用比喻、类比等文学化的手法，来强调这种转换的戏剧性及其魔法般的效果。他们谈到的学生不仅变得更好了，而且还"懂了""悟了""通了"等。下面这组评论来自三位经验老到的教师，他们就用了比喻来描述教室里发生的事。

> 看到你要帮的人取得了进展，这是最高级别的满足。一个

最最薄弱的学生突然就开窍了，你觉得是自己给他呈现了这条道路。即使这只是他自己的发展成果，你也觉得自己是有功劳的。

看到别人进步我会感到满足，尤其是一个发展迟缓的孩子或者一个普通孩子、一个中等生突然间开了窍。这学期一开始，有一个不学习的男孩，他每天就知道坐在那儿。这孩子很聪明，我觉得是近乎天才的那种人，但是字写得就像个二年级小孩儿。他不愿写作业，总是忘记这个、忘记那个，这种情况一再出现。后来他生了病、缺席了一段时间。在一月份回来以后，他突然就变得不一样了。他写的字开始正常了，而且能完成每一件事。他几乎每门功课都得了 A。这可能是我从他那里得到的一种满足。另一方面，也可能只是他自己的缘故，他就是开窍了。

我想举一个具体的例子。一个小孩子画了一组三角形，她觉得自己画得很好看，可实际上并不是这样的。我跟她说，要用自己的眼睛去观察，看看能不能做得更好。她很乐意地看向窗外，观察窗户的形状以及附近一栋建筑的形状，然后继续画。当认识到自己可以做点什么来让画变得更有趣时，她是多么激动啊。这是一种绝无仅有的表情。她突然开窍了。

当然，不是在每个学生身上都会发生戏剧性的改变。但是，这极少数特例就足以补偿在黑板前花费的那些时间了。一位一年级教师说得很明白。

　　某个孩子突然就能理解了，开始享受阅读或者开始成为一个独立的学习者。当你看到这一点时，你会情不自禁地感到满足，觉得自己为这个孩子做了点什么。你知道自己不会对每个孩子都做到这样，因为其中有些孩子直到二、三年级也长不大。但是，当你看到某个孩子突然长大时，那真是让人感到满足。

迄今为止讨论过的各种满足来源，都是按照情感强度来排序的：从某种个人价值感到成就感、从意外事件带来的兴奋到戏剧性改变产生的震撼。因此，最具戏剧性的变化同时也可能是最大的震撼，是在别的教师、别的成人都已经放弃的孩子身上出现的。这种情境在海伦·凯勒的童年故事中得到了展现。在戏剧和电影当中，这也有过非常感人的描述。"奇迹创造者"可能不会经常出现，可一旦出现就值得铭记终身。正如下面这段评论所说的：

　　有时候你会碰到一个问题严重的孩子，你又有点办法能够打动他、为他做点什么，这真是让人激动。我真不知道还有什么别的工作能够给你提供这样深刻的体验，可以及得上这种情况。或许医生在挽救了一个人的生命时，也会有类似的体验。但是，我想在大多数职业当中，他们都没有这样的体验。当你成功地打动了这样的孩子，并且能够帮到他的时候，那几乎可以算是一种触动灵魂的愉悦。

这样的转变不能准确预测。有时候，虽然有人为这个学生做了点什么，但是并不能确保会发生什么，更不要说控制结果了。不过，这种体验的不可预测性既不会削弱教师从中获得的喜悦，也不妨碍教师用它来肯定自己。

看到有人取得巨大的进步，这是一种真正的满足。我提到过一个小女孩，她的发展曾经是相当迟缓的。在学年一开始，我觉得她什么进步也不会有，我都快要放弃她了。现在，她表现得很好，尤其是在科学上。我觉得自己只有一点点功劳，可能主要还是靠她本人。这种事，我们谁也没有把握。

希望见证所有课堂经验中最具活力的这个部分，并且希望自己可以推动它们的出现，这无疑会让那些陷入困境、迷失的、不被需要的孩子在许多教师眼中变得更具吸引力。结果，在每次分配好班级以后，很多教师都会先去找一找自己班上的这类孩子。在某种意义上，教师是在对这些学生做风险投资：这笔投资难得有什么结果，但只要有结果就一定包含巨大的情感回报。虽然这是在和赌博做类比，但是不能有这样的错误印象，以为教师只是在玩一场游戏——自私地赌上全班级学生，以求自己情感上的"大爆发"。学业失败者身上有某种吸引力，许多教师对这部分孩子感到喜爱和亲近。这与他们对"适应良好"的学生或者成功学生的感受完全不同。一位四年级教师对这一点说得很清楚：

> 我和一般人一样，也有自己偏爱的人。有的孩子就是比别的孩子更引人关注。这不见得是那些不当教师的人以为的那种吸引力。我遇到过一个有很多问题的孩子，可是他也很有吸引力。就拿比利来说吧。我第一次看到他时，他就在当着全班同学的面出洋相，之后我就把他调到自己班。在很多方面他都会让你觉得是一个完全没有吸引力的孩子。但是，当我看到每个人都在笑，又不确定他们是在和他开玩笑还是在嘲笑他时，我感受到了和他之间的某种联系。你看，这也算是一种吸引力。

对有些教师来说，一个孩子在行为方面的突然转变也可以让他们感受某种特别的温暖和喜悦。

> 我刚刚说过的那个画画的小女孩，本来一直都是木头木脑的。我对她很久没有产生过什么特别的感受了。之后，她突然就有了发现，她的个性突然就迸发了出来，我也开始爱上了这个孩子。

上面这段引文中的"爱"是满足的又一个来源。这甚至超过了伴随学生变化而来的那种巨大喜悦。在访谈当中，许多教师，尤其是女教师，表达了自己对个别学生的深厚情感。这种情感依附的水平使得教师作为教师的角色与作为母亲的角色混淆了。教师偶尔也会专门提及教职和母职之间的联系，然后坦率而又尖锐地说出自己行为背后的动机。下面的评论可以作为说明。

老师必须找到自己喜欢什么年纪的孩子——我想这取决于老师本人的个性。对我来说，因为我爱当妈妈，所以喜欢教低年级。或许，我之所以会这样想，是因为丈夫和我还没有如愿拥有自己的孩子。我喜爱从小孩子们那里得来的那种爱和依恋。这是我没法从自己孩子身上得到的东西。或许另外一个没有这样需求的老师，会更喜欢教那些更有挑战性的内容。

当然，对我来说，和孩子们在一起学习，本身就是教学的回报。我已经结了婚，但还没有自己的孩子。我觉得，在教室里和孩子们相处，就已经让我得到了很多。如果有一天我不教书了，和这些孩子之间的接触会是我最怀念的东西。有的孩子会和你非常亲密，可是在教学中你不能区别对待某个孩子。尽管如此，你仍然禁不住会想："如果我有孩子，我希望是像……"

当然，不是所有教师都认可刚刚讨论的那种深厚感情。事实上，一位中年级教师明确提出了否定，认为用"爱"这个词来描述她和学生的关系是不恰当的。

我会用尊重而不是爱或者喜欢。是的，我会把这种关系称作尊重。

可是，同一位教师在被问及学年结束时可能会怎么样时，她评论说：

学年结束时我有时也会很不高兴，因为我还想再教一次这个班。有时候你会如此依恋他们，所以你就是想要在下一年继续教同一班学生。

几位教师都提到了分离的痛苦。尽管和满足正好相反，但是这种因为学生离开而出现的不满也值得提及——它表明亲密联系有时候甚至会违背教师的意志。

六月临近，我不想看到孩子们离开。我已经开始依恋他们了。

很多年了，在学年的一开始，我会讨厌那个接手我上一年学生的老师。我总觉得那些是我的孩子。然后，日子一天天过去，我就渐渐学会接受这样的事情了。

不知道为什么，这些年来我就是会十分依恋他们。……假期的一个乐趣就是能听到那么多孩子们的消息，其中有些人已经上高中了。

正如上面这些访谈片段告诉我们的，在一些令人心情愉悦的例子当中，师生之间的联系从来不曾真正断绝过。被过去的学生怀念，这对许多教师来说都是重要的回报。同样，许多教师会继续深度介入某个学生的生活，尽管这个学生早就离开他的教室了。师生关系的这种在时间上的延展，为已经讨论过的这些内容增加了最后一个类型(程度上可能只达到中等水平)。此前的学生能够记住自己、此前学生取得的成绩，由此得来的乐趣明显会随着教学年限的延长而增加。

把那些可能永远也不会上大学的人挑出来，然后鼓励他们去上大学，这让我得到了巨大的满足。我会在周六载着他们到大学校园里去转一转。无论他们想要申请什么专业，我都会帮助他们申请，争取让他们进入大学。是的，这么做的确给了我一些回报。其中一个年轻人成了博士，而且现在已经得到了教职。我不知道，如果没有我他们会不会都进大学。谁知道呢？但是，我仍然挺得意的。

有一年，我觉得在那群年轻人身上什么也指望不上了，但是当这班三年级学生进到四年级以后，我看到他们真的进步了，这给了我极大的乐趣。另外一个乐趣是有学生从高中或者大学回来看望我。有一些在三年级时不声不响的学生，最后在高中成了优秀毕业生代表。这让我感觉真好，可能是我想教他们的那点东西已经开始影响他们了。

我常常会想，无论这些孩子以后会成为什么样的人，我都曾经在他们的人生道路上产生过影响。这让我感到无比自豪。

一位七、八年级英语教师饶有兴致地描述了自己对个别学生的关注，以及从过去教过的学生那里得到的满足感。这位教师已经在这个岗位上工作了超过三十五年了，但还是会困惑到底是什么原因促使她每年秋天都回到教室里来。

我有时也想知道，关于教学我到底喜欢什么。长远来看，我想是因为我知道自己真的做到了一些事，从很多学生那里也可以听到这种反馈。这种成就感就足以让我继续走下去了。坦白说，二月份时我真不明白自己为什么要教书。那会儿，他们个个都是怪物，要么就找各种理由缺席，而我就得忙着给他们补课。不过，我觉得基本上还是因为我喜爱孩子，我从来都没有放弃过希望。我热烈欢迎每一个九月，为什么呢？我也不知道。但是，看着这些新面孔，我真的感觉很幸福，然后会想"谢天谢地！"不过我会喜欢上他们的，我甚至会逐渐喜欢上哪怕是最糟糕的那一个。昨晚有三个十二年级的学生来看我，他们刚从高中毕业，想要知道我还记不记得他们——我怎么会忘呐！是的，我记得他们，我记得过去的事。他们能记得这些、能够回来跟我这么说，我感觉很好。有一次，一个从新闻专业毕业、拿到硕士学位的小伙子回来看我。他问我是不是记得英语课上的他。我永远也不会忘！他是这世上最差的学生……我想，正是这些事让这份工作变得值得。

根据他们的说法，这些教师会从特定学生的进步中获得乐趣。那么，他们是否更喜欢类似个别辅导那种一对一的教学安排呢？如果同一时间只有一个学生需要操心，教师就可以把自己的全部精力投入产生巨大改变这个任务上来了。但是，对我们的受访者来说，个别辅导却并没有什么吸引力。

当被问及理想的师生比是多少时，我们的大多数受访教师想要的班级规模是二十至二十五人，十人或更小的班额几乎被一致拒绝了。关于这个拒绝的具体理由，教师与教师之间因人而异，但是许多人背后的观念是共通的。教师抱怨说，小班额无法提供足够多的刺激或者是"意见交换"。有位教师说，需要一个更大的群体来促进"不同个性的交汇"；另一个理由是认为，如果学生数量太少，就没有足够多的竞争。一位四年级教师的说法，总结了许多人的态度："如果你的学生人数太少，有些火花肯定就没有了。"

因此，和教师渴望见到学生个体进步相并行的，是教师坚持去教一群学生。初看起来，这两个条件是矛盾的，但是只要再深入想一想，表面的矛盾就消失了。这些教师所理解的群体，并不是一般的社会群体或心理学意义上的群体。他们在谈论自己的班级时，并不把其当作一个拥有集成部件和分化功能的社会单元。他们更像在要求一个个体的集合，一个足够大的集合，能够"让事情保持活力"；同时，这个集合又要足够小，能够让每一个成员都能够被关注到。通常，在这些学生集合体当中，一些稳定的社会关系会被建立起来。有的班级最终会演化为真正的群体。但是，小学教师工作的基本单元以及他们满足感的主要来源，仍旧是个体以及个体的发展。

五

在确定了教师访谈要解决的大致问题之后，仍需考虑访谈材料在整体上是否适用于理解课堂生活。为此，除了那些总会被谈到的方面以外，还有必要触及访谈中只是略略被提及的那些。在教师言谈中涉及两个宽泛的话题：教学的状况以及选择在小学工作的成人的一般心理。反过来说，这两个话题也与另一个更一般的问题有联系，即包括成人和儿童在内的这些个人如何应对学校这种社会机构提出的要求。

教师语言的一个最显著的特点是缺乏技术术语。与另外一些专业人员，比如医生、律师、汽修技工、天体物理学家不同，当教师聚在一起聊天时，任何正常的成年人都可以来听一听，并且能够听得懂他们在说什么。偶尔有一些被赋予了专门意义的日常词汇，比如在提到"单元""项目""课程指南"或者"猜测词义的技巧"这些概念时，那些外行听众可能会感到困惑，但是他们不太可能碰到太多闻所未闻的词汇或者专门术语。[①]

不仅缺乏技术术语，教学的特点还包括很少使用相关领域的行话。少数心理学表达会被反复用到（"智商"无疑是最流行的一个），但是来自精神病理学、群体动力学、学习理论、社会组织和发展心理学文献的技术术语就显然被忽略了，而这还仅仅是一些明显有支持作用的学科。诸如"防卫机制""群体凝聚力""强化程序""角色期待""社会中心阶段"这些词汇，即使是在适用的场合，教师也很少谈及。

缺乏技术术语与教师语言在概念上的简单化有关，这是教师语言的另一个特点。教师不仅避免精致的语言表达，同时还会回避复杂的观念。当然，不只教师会这样。复杂的思想总是困难的，大多数人都会尽可能回避它。但是，考虑到教师工作的重要性，这样的回避也就有了某种重要性。至少从表面上来看，似乎教师的思想应该尽可能复杂化，因为他们是在从事一桩严肃的工作、是要帮助学生学习。因此，在教师语言中表露出来的这种不必要的简单化，可能会被很多人解读为一个需要警惕的方面。至于这是不是真的成了一个问题，我们随后还要再回到这个问题上来。

教师语言中显示的这种概念简化有四个方面值得进一步评论，分别是：一种对因果联系的简化认识；一种关于课堂事件的直觉而非理性的方法；在面对不同的教学选择时，采取一种武断而非开明的立场；

---

① 教师语言的这个特点，我的同事丹·洛尔蒂（Dan Lortie）教授也曾指出过，例如：Dan Lortie, "Teacher Socialization: The Robinson Crusoe Model," in *The Real World of the Beginning Teacher*, Washington, D. C., National Education Association, 1966, pp. 54-66.

以及对于抽象术语在操作定义方面的狭隘性。

在讨论日常事务时，教师的话总让人有一种错觉，似乎他们是生活在一个"原因结果——对应"的世界。面对一个让人感到困惑的课堂片段，教师常常会坚持自己的解释。比利同学为什么学得这么好？因为他智商高。弗雷德同学为什么总是惹麻烦？因为他来自一个破裂家庭。今天孩子们为什么这么吵？因为圣诞节快到了。甚至连教师自己的行为也会在因果关系上被认为是一一对应的。例如，他们最初为什么会选择成为教师？答案很明显，因为他们热爱儿童。还需要别的理由吗？

我们当然很容易驳倒这些过度简化的答案。可是，考虑到大多数课堂事件是如此复杂，那么教师想要找到针对这种复杂性的一种迅捷的解决方案，也是完全可以理解甚至是可以原谅的。要是教师真试图去解开背后的复杂谜团，那她就没有时间做别的事情了。此外，无论怎样，谁又能真的肯定比利同学为什么学得这么好，或者琼斯老师为什么选择把自己的一生奉献给幼儿园呢？为这些事提供单一解释固然是一种短视的行为，但这也提供了某种表面的秩序，否则这一切就太让人困惑了。

教师希望接受对复杂事件的简单解释，这并不意味着教师总会坚持自己对每件事情的解释。相反如果没有深入考察过事情的缘由，那么教师往往乐意接受别人的解释。事实上，许多课堂现象是如此让人意外，它们的原因也让人无从察觉，于是教师往往认为这就是一个个小小的奇迹。当这些现象有教育价值时，教师的这种态度就格外明显。

某个学生突然取得了进步，或者某个冷漠的年轻人在态度上发生了戏剧性转变，这时教师的一个相当自然的反应就是喜悦和感恩。这种反应不太可能伴以那种试图弄清原委的分析性考察。当好运来临时，教师似乎在说"别问太多"。

不加质疑地接受课堂魔法是教师语言透露的一个更广泛倾向的一部分，即教师倾向于用直觉而不是理性的方式处理教育事务。例如，当要求教师去为自己的专业决策做辩护时，我的受访者往往会说自己的课堂行动更多是出于冲动和情感，而不是出于反省和思考。换句话说，他们更愿意为自己做这样的辩护，他们乐意指出某种特殊的行动程序看起来就是应该做的事，而不是说他们确信这是正确的。每一天、每一节课，教师都像是没有乐谱的演奏家在进行即兴创作。

当然，我们也不能忘记，凭借多年的实践经验，大多数教师的冲动和直觉也是合乎理性的。因此，他们行动的基础比他们自己的报告告诉我们的要更加理智。事实上，在日常工作当中，他们可能会"不自觉"地表现出一种新手教师必须仔细推敲和演练才能获得的表现。我们不关心他们是在职业生涯的后期达到了这种直觉水平，还是从职业生涯的一开始就在以这种方式行动。我们关心的是，作为一名经验丰富的教师，他们常常说自己是在闭着眼睛弹琴。

高明的批评者很快就会指出，我们的所有受访者几乎都是女性。这暗示访谈中揭露的所谓直觉的品质，只不过是受访者在运用自己与生俱来的女性特质。批评者可能会这样说："毕竟，女性被认为是直觉型的。女教师的行为表现和别的女性一样。我们为什么要对此大惊小怪呢?"但是，问题的关键不是女教师是否比她的那些不当教师的姐妹们要更加依赖直觉。问题在于，她们有没有必要不依赖直觉？她们的行动要是接受理性的指导会不会更好？换句话说，我们必须追问的是，从整体来看直觉对于课堂生活的适应性如何。如果有位厨师觉得再加点盐会更好，那没人会有异议。她喜欢就好。但是，如果一名药剂师也这么干的话，那就完全是另一回事了。

人们可能以为，那些凡事不喜欢追根求源、倾向于按冲动行事的人，会在表达自己的品味时显得犹豫不决。可是，从访谈结果来看，教师并不是这样的。尽管在理性程度方面存在缺陷，在语言当中也有一种直觉的柔软性，但是他们对于自己的教学方式普遍表现出强烈的认同。此外，尽管他们常常不能捍卫自己的选择，但是他们的态度之坚定并不受影响。正如业余的艺术爱好者那样，尽管他们并不总知道自己为什么会爱好，但是他们仍知道自己爱好。如果迫使他们对自己的教学做理性化，他们往往就会不耐烦或者躲到"个人品味，恕不争论"这个借口之下。他们很少(尽管也可能会有)会超出自己个人经验的范围去为自己的专业倾向做辩护。

教师语言中的概念简单性的第四个标志，表现为他们对于常见的术语只有窄化的操作定义。尽管教师常用一些词汇和短语来表示人类行为的某些一般属性，诸如动机、社会关系以及智力发展等等。但是，仔细观察就会发现，他们对这些术语的应用往往只反映了丰富内涵中的一小部分。在教学语境下，"动机"通常仅指一个学生完成学校作业时的热情。"社会关系"往往仅指学生与同学和教师互动的特点。定义本身的复杂性往往被进一步削减为对于学生在同学中受欢迎程度的一种粗略估计。当教师讨论"智力发展"的时候，这里的"发展"几乎完全是指学生对于课程目标的掌握程度，或者是对他在一般能力测验中的表现的概括。可以想象，这些概念简化大致可以和教师的课堂经验相匹配。教师往往没有机会去探索学生的潜在动机，或者去描绘学生社会生活空间的轮廓，又或者去检验他们认知能力的层次。因此，毫不奇怪的是，在教师的词典当中，再复杂的语言都只有简单的投射。

对于那些描述一般特性的术语的狭隘定义不仅仅为概念简化提供了证据，同时也体现了教师语言的另一个特点。尽管教师可能会给自己观察到的东西贴上抽象的标签，教师的关注点仍然放在与一群特定学生的具体经验之上。简言之，教师是生活在一个有清晰边界的世界当中，这种边界表明了他们说话的方式。

与教师有关的事带有明显的即时性。教师语言中的那种关注当下、关注现在的特点，在听过一段时间之后就会变得非常明显。这个特点或许并不应该让我们感到诧异。教师每天都要沉浸在一个由真人、真事构成的环境当中。这种环境在持续对她(her)提出各种要求。此外，教师对自己的世界是如此熟悉，以至于她根本没办法无视这种具体性，去把它们当作某类更抽象概念的具体表象。结果，就像教师理解的那样，对于儿童特点的概括、对于某个教育理论的优点的概括都要接受持续的检验，要拿来和她的学生、她的课堂做比照。可以想象，这种具体性会大大增强理论向实践转化的难度，同时也会大大增加教师和其他有理论兴趣的人进行沟通的困难。

教师对于课堂的物理和社会现实的关注、对于此时此地的植根性，不是唯一能够对她的关注范围划出边界的东西。除此以外，在教师与学生、教师与环境中的其他因素之间，还存在一些情感纽带的痕迹，可以让这些联系变得更加紧密，而不仅仅让教师熟悉自己的工作环境。当然，每个人都或多或少会关心自己的工作内容，以及工作中的相关人士。这样说来，教师和其他人似乎没有什么两样。但是，如果我们相信他们所说的一切，那么教师对于自身工作的情感投入就往往是异乎寻常的。在这方面，教师和牧师、治疗师、医生等人是类似的，他们都会把客户的福祉当作自己的职责。然而，必须要牢记的是，教师的客户是儿童，而且在大多数班级，教师和学生的接触要比别的专业服务更加密集。

教师对于此时此地的关注以及她与所在世界的紧密联系，与她在言谈中表现出来的对于当前教育条件的接纳是一致的。教师对教育变革缺乏兴趣，往往只限于怎么重新布置一下教室，或者如何换一种方式来组织学生。换句话说，就是如何在"既有"条件下把事情做得更好。尽管访谈人员提供了大量机会来让教师谈论这些事，教师却很少甚至根本不会谈到更广泛的、更动态的教育改革需求。这种对现状的接纳有可能被描述为教学保守主义，是教师视野常见的那种近视病的一部分。

从某个角度来看，这里对教师语言特点的描述绝不是在做表扬。缺乏专业术语、对于问题的认识浮于表面、无法摆脱自己的具体经验，这样的教师似乎并不适合为儿童的智力发展负责。但是要记住，这些概括所基于的材料来自在教学行业中很受尊重的那部分教师。这种表面上的矛盾有三种可能的解释，这里有必要略加提及。

第一，证据有可能被极大的误读了。如果由其他人来听这些访谈，他们的印象可能会与这里呈现的东西完全相左。第二，这些教师可能并不像他们的领导以为的那样有才华。他们可能只有一般水平甚至在一般水平以下，而不是这个行业的能手。第三，教师言谈中那些不太受欢迎的部分可能并不那么糟糕。这些特点在别的场合可能会是缺陷，但在教室当中可能就不会影响教师发挥作用。事实上，从课堂生活的角度来看，在教师思考过程中的那些通常被认为是缺点的东西，实际上反而可能算作优点。①

发生极大误读的可能性或者在无意间选了一个不适当的样本，这两个风险都无法有效排除。因此，就有必要在考虑第三个方面(也是更耐人寻味的一个方面)时更加保持警觉。也就是说，常人所谓的缺陷在教师看来可能恰恰是一种优点。

与抽象的学习理论要告诉我们的东西相比，教师的实际工作过程相当不同。他们每年要工作四十周、每周工作五天、每天连续工作五到六个小时，去管理二十五到三十名学生。在课堂这个狭小、拥挤的世界当中，各种事情都以一种惊人的速度来来去去。正如我们已经看

---

① 那些对教师来说有重要价值但通常不受欢迎的特质，J. M. 斯蒂芬斯(J. M. Stephens)在研究中做了介绍。这份研究可以说引人入胜[J. M. Stephens, "Spontaneous Schooling and Success in Teaching," *School Review*, 1960(2), pp. 152-163.]这些内容在他最近出版的著作当中又有更详细的介绍。J. M. Stephens, *The Process of Schooling*: *A Psychological Examination*, New York, Holt, Rinehart and Winston, 1967.

到的那样，有证据表明小学教师在工作日当中通常每个小时要与学生发生两百到三百次人际互动。尽管这个数字在一天的不同时段内是相对稳定的，但是这种互动的内容和顺序却无法做任何准确的预测和规划。简言之，尽管有教育理论认为课堂是简洁有序的地方或者应该是这样，但实际中的课堂都并非如此。当然，这并不意味着教育事务毫无头绪可言。(事实上，有的教师努力想维持某种表面的秩序，结果忽略了别的一切。)五花八门的事件背后的结构并不容易识别。同时，除了那些最表面的东西之外，它也不受教师控制。

有一些个人特质可以帮助教师去应对课堂生活的独特要求。可惜的是，这些特质至今还没有得到过充分的描述。可以确定的是，其中一定包括某种能力，可以允许巨大的模糊性、不可预见性以及由二十五到三十名不太情愿的学习者偶尔制造的混乱。这里谈到的教师语言中的那种概念简单化，就与这种能力有关。如果教师要更充分地理解自己的世界、在行动中保持更多的理性、在教学选择上采取完全开放的姿态、对于人的认识更加复杂，那么他们有可能会在知识分子那里获得更多认同，但是在课堂中能不能表现得更加高效就很值得怀疑了。相反，在持续应对一班三年级学生或者满操场的幼儿时，这种德性上的完美(如果真的存在的话)反而一定会让人精疲力竭。

鉴于课堂生活的实际需求，教师言谈中显露出来的那种有限性就会有某种适应价值。一位教授的健忘有某种恰当性，甚至还有某种魅力。如果这位教授要做好自己的工作，就必须在很长时间内让自己处于自由状态(至少在象征意义上是如此)，摆脱各种物质的和社会的条件的束缚。但是，一位健忘的小学教师就不那么吸引人了。事实上，这种独特品质的组合可能最终被证明为是一个灾难。和一群小孩在一起的人始终都不能心不在焉，要始终尽心尽力。更甚者，即使孩子们离开学校回家了，教师也不会真的忘掉他们。随便想到某个有教育色彩的抽象概念，就足以挑起有关卡尔的事了——就是第三排的那个红头发的男孩子。

当然，这里描写的教师形象是有些浪漫甚至伤感了。但这种浪漫主义本身就与所描述的品质相吻合。尽管受访者从来不会使用这些概念，但是他们这个群体的确倾向于采取一种温柔以待的世界观。尽管他们沉迷于此时此地，他们对儿童的看法却无疑是理想化的，他们对于人类的完美性有着某种近乎神秘的信念。这种浪漫的理想主义和神秘的乐观主义对许多人来说都是令人不安的，尤其是研究者以及别的那些以排除这种过时观念为己任的人。但是，一代又一代的教师前赴后继地秉承着这种世界观，这当然不是出于偶然。恰如概念简化和那种明显的有限性，这种温柔的世界观也可能有适应上的价值。哈里·布劳迪（Harry Broudy）和约翰·帕尔默（John Palmer）在那本《教学方法范例》（*Exemplars of Teaching Method*）中提醒我们：

现代心理学已经为精神卫生提供了一种稳定的、不带情感偏见的基础，对儿童发展也给予了密切关注。但是，一种文化除非真的相信童年的潜能，并且努力去实现这种潜能，否则年轻人的长远发展就至多被当成某种"要认真研究研究"的事。一旦有关儿童的"宏观"视角被别除，儿童的生活和活动就会为了成人的利益而被操纵，或者变成一个必要但是不幸的阶段的标志。[①]

和我交谈的那些教师，可能会同意这种说法，至少在直觉上会同意。

这里呈现的内容是一些从教师访谈中得来的印象。从某个角度来看，这些谈话的确有很多不足。大多数时候，这些谈话甚至可以说是无聊的。但是，如果仔细聆听、如果基于我们对课堂生活的认识来考虑，那么这些谈话就变得很有意义了。

六

教学有时被认为是一桩极其理性的事。这样的描述往往会强调教师的决策功能，或者把他看成问题解决者、假设检验者。但是，对于小学教师的访谈严重质疑了这种针对教学过程的看法。课堂生活的即时性，教师进行教学决策、评价自己的行动效能时依据的那些稍纵即逝的、含混的符号，都在质疑常见的理性模型在描述教师课堂行为方面的适用性。

这种对于理性模型的质疑并不是说教学是完全无理性的，也不意

---

① Harry Broudy and John Palmer，*Exemplars of Teaching Method*，Skokie，Rand McNally，1965，p. 129.

味着常见的因果法则在课堂上不再适用。教学和人类事务的任何其他领域一样，同样遵从各种法则。可是，当教师从一个学生转向另一个学生、从一件事转向另一件事的时候，那些号称伴随着理性思考过程的各种活动并不会十分明显。这包括寻找备选的行动方案、审慎考虑不同的选择、权衡证据、评估结果，以及别的一些有序的认知过程。

在时时刻刻面对学生的过程中，教师看起来并不是特别审慎或者注重分析。但是，我们不能就此否认教师在有的情况下也并非如此。尤其是当教师一个人独处的时候，在教师见到学生的前后，他们往往在从事某种类型的理性活动，具有问题解决过程的特点。看起来，这时候的教师工作就是高度理性的。

在没有学生在场时的教师行为可以提醒我们对教师工作做一个基本的区分。一个人待在办公桌前和面对一屋子学生时的教师行为是十分不同的。尽管这种不同在对小学教师的访谈当中没有明确提出来，但是在他们关于教学设计和日常工作的关系的讨论当中，实际上已经隐约涉及了。和别的地方一样，教室里也总是计划赶不上变化。

对教师工作这两方面的区分是根本性的，在教育上有相当多的应用，有必要在描述教学过程的语言上做某种正式的认可。"互动"和"预备"或许可以达到这个目标。教师针对学生的作为可以被称为"互动教学"。在另外一些时候，比如当教室空无一人的时候，教师的作为可以被称为"预备教学"。这些概念能帮我们意识到那些在教育讨论中往往会被忽略掉的质性差异。

互动教学、教师在学生面前的作为，在认知方面存在特殊之处。

这时候，自发性、即时性、非理性是教师行为最显著的特点，课堂事件表现出高度的不确定性、不可预测性乃至困惑。

教师的直觉、对人类成长密码的期待、蓬勃向上的乐观情绪初看起来都是奇怪的，因为这与他工作的那个高度组织化的环境是不匹配的。如果在别的那些必须在正式机构管理下工作的人身上出现，这些特点甚至会被当成某种功能障碍。与这些心肠柔软的浪漫主义者相比，高度理性化、事实导向的、心志坚定的现实主义者可能更加适合教学任务的需求。然而，这种关于适合与否的判断并不像表面看起来那么容易。只要更近距离地考察学校中发生了什么，我们就可以看到：尽管头脑不怎么清楚，情感上又有滥情的嫌疑，可正是这样的小学教师比任何人都要更胜任这项工作。在这方面，再多的人类工程师也比不上他们。

已经讨论过的这种世界观在教育方面可以起到作用，其中的一种方式就是通过某些独特的行为来化解制度生活的恶劣影响。在面对学生时，在理性化和条理化方面的欠缺让教师可以软化非人性制度的影响。在一个满是时间表、目标、测验和常规的世界中，教师作为人的那些特点，包括那种不确定感、那种童子军式的理想主义，恰恰能够拯救人性。

从理想的角度说，教师可能会用几种方式帮助学生，使他们免受制度生活中的匿名性和孤独性的影响。第一，最重要的是，教师认识自己的学生，同时也被自己的学生认识。大多数教师在工作中使用的有效知识包含了他面对具体学生时的独特信息。因此，通过把学生当作一个真实的人来回应，而不仅仅把他当作某个角色的扮演者，教师就可以帮助学生保存一种个人身份感。

第二，在有的班级，教师不仅仅把学生当人，而且还关心他们。教师为学生的进步感到高兴，为学生的失败感到沮丧。当然，这种对学生的进步或失败的同情性反应，当然有可能是虚伪的，并非由衷而发。学生会意识到，教师也和一般成人一样，有时候的所谓表扬只不过是出于礼貌，有时候的所谓谴责也显得道貌岸然。可即便如此，也不能说教师的这些行为完全没有影响。正如我们都知道的那样，小孩子在应对来自同伴的竞争性要求或者威胁时，一种颇受他们欢迎的办法就是报以这样的问题："谁会在乎?"当这个问题与学习相关时，答案通常就会是："老师在乎。"

教师对自己学生的关心还有另外一个方面，就是当学生缺席的时候教师会惦念他们。和教师不同，个别学生对课堂的运转并不是不可或缺的。人们会雇佣代课教师，但不会雇佣代课学生，这就是证据。除了对他本人有影响，学生是不是出现在这里，似乎是无关紧要的。然而，教师常常会提及学生的缺席，会经常点评他们。结果，学生就得到了鼓励，觉得自己在或不在还是很不一样的。

第三，给学生们提供一个会犯错的人的榜样，这是教师抹平课堂生活棱角的第三种方式。对我们来说，这也是要介绍的最后一种方式。不像档案室里的电脑或者控制铃铛和蜂鸣器的电子系统，教师会时而生气，时而欢笑；他会犯错，也会遇到困惑。不同于电视教学里的教师或者教学机器、教科书，真正活生生的教师只要是真诚的，就一定会经常承认自己不知道某些事，或者承认自己犯了个什么错。因此，教师既代表掌握知识的美德，同时又体现了缺乏这种美德。借助这种方式，学习的抽象目标得到了一个活生生的人来作为诠释。学生们不会渴望成为计算机、教学机器或者教科书，但是他们有可能想要成为一名教师。

有的读者在回顾自己过去和现在有关小学教师的记忆以后，可能会抱怨说迄今为止描写的小学教师形象都太过于理想化了。这些描写过于从教师的立场出发，结果就把他的工作浪漫化了。这些读者可能认为，许多教师并不那么关心自己的学生，他们只是在做表面功夫。在学生缺席的时候，许多教师并不真正挂念自己的学生，除非那个缺席的孩子正好是教师的心头好。此外，许多教师错漏百出，根本不足以作为一种有价值的典范，而只不过代表了某种滑稽的、不受欢迎的形象，更不要说有些教师的所作所为看起来就是在逢迎上司。要让这些人去作为制度生活的解毒剂，那不啻痴人说梦。

可是，有关教师作用的事实往往就处在极度理想和极度悲观之间。更重要的是，每个极端都可能出现在教室当中。关键在于，只要教师愿意，那么缓和学校生活的那些粗粝的层面就完全处在教师的能力范围以内。此外，教师身上的那些我们可以称作世界观的特点，就像是一些与生俱来的先决条件，让学生更能忍受课堂生活。

很显然，为了让学校生活的制度层面变得更加容易接纳，教师并不是唯一的因素。在大多数班级，尤其是那些高年级班级，还存在一种成熟的学生同伴文化。这种同伴文化和校外活动联系在一起，同时又在学校内发挥作用。通过分担批评、破坏规则、嘲弄权威以及别的方式，同伴文化就可以用于抵御制度生活中的更多令人不快的方面。这起到了减少不舒适或者增强抵御能力的效果。一个在教师那里受了委屈的学生、一个受到刻板规则打击的学生，总是可以在自己的同伴那里找到安慰。

无论这种安慰是来自教师、同伴还是别的什么地方，学生个体的确常常有这种获得保护的需求，以抵御课堂生活对他们的独特性和个人价值的威胁。也可能只要身处这种制度环境，他就需要类似的保护。在家庭当中或者在游戏当中的任何补偿，都不足以取代人性化的课堂环境。在儿童生活当中，学校占据了如此巨大的一个部分，它的影响并不能通过放学以后发生的那些事得到化解。

最后，我们的讨论揭示了教师角色基本的模糊性。也就是说，教师既为学校工作，又是为了反对学校。他有两个不同的效忠对象，他既要维护学校制度，也要保护其中的个体。这种双重关注以及教师的应对方式，给教师工作蒙上了一种特殊的色彩。社会理论家查尔斯·霍顿·库利(Charles Horton Cooley)曾经写道：

> 公共机构是社会结构中的一个成熟、专门、相对刻板的部分。公共机构由个人组成，但是只看重这些人的一部分。每个进入公共机构的个人，都带着他那经过训练的、专门化的部分。……作为公共机构的对立面，这些人本身却代表着完整性和生命中的人性。……如果一个人只是机构的一部分，那么这

个人就完全不能称为人。他必须同时坚守人的本质，坚守人的直觉、可塑性以及理想的一面。[①]

模仿库利的话，我们可以下结论：如果教师只是公共机构的一部分，那么他就完全不会是一名合格的教师。他必须坚持某些别的东西，尽管这已经超出了官方的任务边界。一部分教师已经认识到了这一点，能够据以采取行动。可我们谁也不知道到底有多少教师已经有了这种觉悟。

[①]　Charles Horton Cooley，"Institutions and the Person，" in E. Borgatta and Henry J. Meyer，*Sociological Theory*，New York，Knopf，1956，p. 254.

/ 第五章　寻找新视角 /

> 琐碎的东西往往能揭示伟大的主题······有时候，我们觉得渺小的东西，实际上恰恰是真正重要的，比它看起来的状况、比人们以为的状况要重要得多。有时候，这些看似渺小的东西会在历经多年以后表明，它的重要性实际上达到了无以复加的地步。[①]
>
> ——沃尔特·特勒

这是本书最后一章，要点在于曾经被教师视为指导和建议源泉的那些东西，并没有像我们想象的那样为教育领域做出那么大的贡献。学习理论家、人类工程师们提供的理解和策略对于教师的潜在价值并不像通常以为的那样大。他们的视角都没能捕捉到课堂生活的真相，这造成了一个十分严重的缺失。下文还将谈到，尽管患者中心心理学家的视角与教师工作的许多重要内容之间有显著关联，但是他们还是

---

① Walter Teller, "Thoughts and Days," *The American Scholar*, *1966—1967（1）*, pp. 116-120.

很难帮助我们理解每天在上课铃和放学铃之间在发生什么。如果说真有什么理解教学的新视角，那就是要求我们更加接近教师世界的各种现象。尽管事情早该如此，但是这个努力方向目前还刚刚开始起步。

一

从常识角度来看，教学和学习的联系应当是十分紧密的。也就是说，对于其中一个过程的理解会在很大程度上影响另一个过程。如果我们了解关于学习的所有方面，那么我们也同样能够知道或者演绎出有关教学的所有事。这种预期以这样那样的形式鼓舞着许多心理学家和教育家。人们对学习科学抱有巨大期待，认为这种理论会立刻对教师工作产生直接的效果。

但是，每位上过课的教师都知道，这个希望并没有成为现实。半个世纪以来，尽管在一些巧妙的心理学理论上有了不少出色的研究和进展，但是教师的课堂活动还是很少受学习理论家说的那些东西的影响。已经有些人在付出努力，试图识别各种学习理论在教学实践中的应用。但是，这些应用通常没有超过常识建议的水平，不需要学习理论家的那种科学的努力，比如"儿童需要激励才能学习"。也许唯一的例外是伯勒斯·弗雷德里克·斯金纳（Burrhus Frederic Skinner，1904－1990）的工作。他通过教学机器运动，让自己的工作对教育产生了重要影响。但即使如此，仍有大部分教师忽视学习理论家倡导的东西。另外，尽管学习和教学看似存在逻辑联系，但是教师并没有因为忽略这种联系而感到什么不妥。

在教育和心理领域的文章当中，学习理论在改变教师工作上的失败得到了广泛的讨论。对此，可以有几种不同的解释。其中一种观点认为，学习理论家的知识很难向人类事务做推论，因为他们的理论多是基于对老鼠或其他低等动物的研究。因为人比老鼠和低等动物更加复杂，所以他的行为也会服从不同的规律。

另一种解释关注的是在学习任务复杂程度方面的差异。根据这个观点，学习理论家的知识主要是用在简单技能的获取或者人工目标的获取方面。许多教师坚持认为，这样的知识对那些具有个人意义的复杂技能和理解的学习来说，没有什么价值。这种观点更极端的版本强调，即使是用人来做实验，他们通常接受的学习目标也都是人为设计出来的、是无意义的。

有关学习理论很少应用到教师工作中去的第三种解释提醒我们，要关注实验室的控制型环境和一般学习所处的那种几乎是混沌的条件之间的区别。在探索行为规律的时候，实验者总是试图消除或者至少是控制无关条件。因此，他观察到的现象都是"不正常"现象。与研究者不同，教师很少控制其工作的附加条件。结果，在非日常条件下发展出来的一系列学习原理，也就很少能应用到日常生活当中去了。

这三种解释都把教师工作的复杂性与产生大多数学习理论的那种条件的简单性做了对比，诸如研究对象的选择、学习目标的复杂程度以及实验环境的结构。尽管从科学角度来看各种设计都可以得到辩护，但是学习理论家设置的这些条件的确限制了研究结果在教育实务和课堂教学中的应用。在讨论学习理论在教育实践中的应用时，上述这些还不是唯一可能的解释。在它们之外还有另外两种可能性，尽管没有上述三种解释那么显著，但是同样值得关注。

教师工作的复杂性不仅仅是指复杂的对象、复杂的目标以及复杂的环境。在大多数情况下，教师还要同时面对"一群"学生。课堂的社会属性给教师工作增加了另外一个维度。这提供了一种解释，可以用来说明在寻求教学建议时教师为什么不那么信赖学习理论。

学习理论家通常只面对一个研究对象。我们几乎看不到有人同时训练一群海豚去顶皮球，或者同时训练一堆老鼠去踏小棒。简言之，学习理论家看起来更像私人教练，而不是课堂里的教师。针对学习理论家的研究目标来说，他们的工作方式都可以理解。但是，基于这种背景得到的研究发现与教师的相关性十分有限，因为后者动辄就要面对二十甚至三十名学生。与研究者一样，教师也会有一对一的工作，只是这样的机会要比我们相信的那些关于个别教学的说法要罕见得多。而且，即使在这种时候，教师脑子里往往也会惦记着其他学生，并据此调整自己的行为。在主持集中讨论、讲授新课、演示技能、检查作业或者在监考时，教师都深深地浸润在这间教室的社会网络之中。在大多数课堂里，此类情况屡见不鲜。这时候，教师的学习理论知识不会成为特别有益的助力。

这种对教师工作社会属性的描述对教学与学习的关系提出了一个更加严重的质疑。考虑到教师的活动范围和时间总量，我们会怀疑教师的"主要"关注点到底是不是学习。如果这种近乎异端邪说的观点得到了证实，那么教师对各种正规学习理论的漠不关心就可以得到更加彻底的解释了。

即便只是出于学术兴趣，对教学和学习的隔离也会引起专业人员和普通人群的一致反对。如果主要的关注点不是学习，那么教师的关注点是什么？教师的主要目标或者唯一目标是促进学习，这一点肯定没有人反对。即使承认教师也承担一些非教学性的责任，比如收牛奶钱、点名或者订购教学用品，他们的工作核心也仍然是或者看起来应该是指导学生从无知状态进入更有知识的状态。批评者会说，如果这都不算，那到底什么才算学习？

这样看来，问题就从教师的"主要"关注点，转向了教师的"终极"关注点；从教师面对学生时各种即时行为中的思考和实践，转向了教师对自己班上每个学生的长远希望和预期。尤其是在小学低年级，教师看起来更多是活动指向而不是学习指向的。也就是说，教师常常选择一系列他们认为有良好结果的行为，接下来关心的就是如何让学生从事并参与这些活动。学习当然重要，但如果教师正在与学生互动，那么这种互动就会成为教师的首要关注点，而不再去关注自己的远景目标。

在这种互动环境当中，教师通常会鼓励学生做教师首肯的那些事情，但是较少关心自己的教学努力的具体结果。乍看起来，这种具体程度的缺失是一种教学方面的缺陷，实际上这也正是行为目标的倡导者们提出来的一种批评（稍后详谈）。但是，本书对于课堂生活某些方面的分析已经化解了这种草率的批评。仅仅从一些事实数据来看，教师在设定目标方面的不严密，即使不一定值得原谅，那也是可以理解的。这些数字包括教师花在学校里的时间、教室里的学生数量以及课堂中的学科数量等等。

在某些方面，教师对学生学习的关注就好像母亲对孩子营养状况的关注一样。大多数母亲肯定希望自家孩子健康苗壮，认为食物质量与孩子健康水平之间存在联系。但是，在制订孩子的膳食计划时，食物的营养价值就会用一些非常宽泛的词汇来表达了。另外的一些变量，比如价格、便利程度、美观程度以及独特的风味，都在挑选和准备食物的过程中占有一席之地。只是因为人类的可适应性，才使多数家庭看起来还是健康的。

和母亲一样，教师有界定学生成长的责任。同时，教师也了解自己的日常行为与学生的教育成就之间的联系。但是，在那些即时性的决策当中，这种联系的细节，也就是前面谈到的学习本质，却并不总是能被意识到。确切地说，教师是在接受一些经验法则的指引，而这些经验法则要根据每一个具体的课堂情境来做调节。如果考试分数以及其他有关学业成就的指标是可信的，那么这种经验法则就会是适用于大部分学生的所谓"常规"教育成就。

这一有关父母与教师的对比可能会被误解，好像是在为现状或者恶劣的教学做辩护。不过，这并不是我的目的。我们没有理由认为，教学不可以变得更好。同样，我们也没有理由认为，有任何证据能够说明恶劣的教学比差劲的厨子或者庸医更容易让人接受。我想说的要点很简单，尽管对学习过程的模糊认识也可以从教师的反应当中找到一点痕迹，但是教师实际上并不直接关注学习过程的诸多细节。学习理论发展至今，它们中的大多数提供的信息比普通教师希望了解、需要了解以及实际了解的信息都要多。

二

教育领域时不时就会出现某种运动，试图把学校的制度运行加以现代化。这往往是要用那种指导工业、政府和应用科学发展的精神来指导学校。这种周期性努力的幕后推手并未得到良好界定。通常，这来自某种主流观点，而不是个别人或个别群体鼓动的。在（二十世纪）二十年代后期到三十年代早期出现的一次类似的努力是"教育科学化运动"。在被进步主义力量侵蚀之前，它流行了好几年。现在，我们可能处在另一场类似的努力之中，至少从流行的出版物来看是如此，这就是"教育技术革命"。

贴标签是危险的，尤其是在面对如此多样化的现象时。今天，有许多力量在改变着学校，教师工作也许更适合被描述为体现了"工程学"的观点。尽管这种描述性标签并不精确，但是它仍可以提供帮助，让我们聚焦于种种自称能改变教师工作的影响和力量。这些力量的整体影响是表面化的还是决定性的，并不在本书讨论之列。检讨这种工程学观点在考察课堂事务方面的限度才是我们的正题。

这种观点包含的必要元素主要是一系列价值观和落实这些价值观的一组教育程序。这些价值观有时候能得到公开表达和辩护，有时候秘而不宣。并且，这些价值观还会被假定为某种律令，是"天赋的"，谁也无法认真讨论。这些价值观和它们支持的方法论结合起来，共同构成了一种道德视角，借此可以去观看具体的教育问题和实践。

这里要讨论的价值核心是"工程学"角度的"善"。这种"善"由某些标准构成，据此可以判断达到特定目标的全部手段或计划。当然，这里首要的问题是：这有用吗？能够完成预定的工作吗？这个问题继承了有效性标准，意味着一种关于要做什么或者要实现什么的清晰观念。一系列次一级的问题随即而来，用来处理备选程序的效率问题。如果确定某个程序是有效的，那么下一步的重点将是确定是否能够快速、无误、精准、有效地实现。在这些方面，多快好省最受关注。根据这种看法，从可能的最佳角度上来说，实现工作的方式应该尽量廉价、尽量快速，并且尽量减少无效动作。

当这些标准被应用到教育事务中来的时候，它们在鼓励教师追求这样一些东西：首先，尽量精准地陈述自己的教学目标。这些目标最好能用"行为动词"来表达。因为，只有这样做，教师才能判断何时实现了目标。至于判断他与自己的目标还有多远，这项工作只是次要的教育建议，已经内含在有效性这一标准当中了。人们告诉教师，不仅要准确锁定自己的目标，而且要规划好课程计划，似乎只要定期阅读这些计划就可以让教师明了自己的差距。最后，人们含蓄地建议教师和学生不要混日子。只要确切了解了要做什么以及该怎么做，那么行动比要求更迟缓或者采用了比任务所需更加耗费的方式也就意味着一事无成。

至此，各种建议以一种罐装好的方式影响着过去二三十年间的教育讨论。它们推动了教育测验运动、指导了课程理论，现在又内含在有关教育技术学的新兴趣之中。在许多教育领导者看来，教学改进成功与否几乎全在于大部分教师的意愿，看他们愿不愿意留心教学原则并据以行动。这些教育领导者认为，此类做法可以把教学由艺术转变为科学。

我没有否定这种观点在逻辑上的吸引力，我也没有怀疑据此行动已经带来的教育效果。目标测验运动被认为是这类成就之一。许多教科书和课程资料的改进也是基于类似的方法论立场。有了所有这些实质性的贡献，再讨论所谓工程学观点在总体上的优缺点，这看来是有些犯傻气的。

然而，这种关于教育问题的思考方式是否存在局限性，的确是一个恰当的讨论主题。教师对自己目标的界定、对学生进步的评价应该精确到何种地步？在设计新的教育活动时，所谓无效动作和低效动作的概念是否与设计新型发动机一样有价值？课堂生活有没有某些方面是不能使用这些词汇来分析的？在我们转向对学校生活的一种更佳理解之前，这些问题都相当重要。因为，不论工程学观点如何强大，只要它阻止我们了解课堂事件的完整图谱，它的有用性就总是有限的。

作为一种观看教学过程的方式，工程学观点的主要缺陷在于，有关小学课堂中发生了什么，它采用了一种过度简化的图像。教学包含的不仅仅是界定课程目标然后逐个击破。而且，即使在这些方面，教师工作也比某些抽象描述要复杂得多。每一位普通教师要时刻面对二十五到三十名能力、背景各异的学生，每年需要工作接近一千个小时，负责的主要课程领域超过四到五个。只要意识到这一点，我们就很难想象教师会时刻保持精准，能够在教学期间随时知道自己在往何处去、如何去往那里。关于自己希望实现的目标，教师可能有一个模糊的想法。但若希望教师总是对自己的每个学生在大量课程目标上的进步状况保持觉醒，这就不合理了。

这里提到的观点与教师为什么不把学习理论作为自己的行动依据的一种解释类似。这种相似性之所以值得强调，是因为它关乎教师工作的基本条件。这种条件有助于解释为什么许多富有成果的研究和理论思考并没有得到教师的关注。简单来说，原因可能就是由于教师太忙了。这让他们无暇在认识和教学方面顾及那些花哨的学习理论以及各种精确界定的目标。面对二十或三十名永不消停的学生，教师有足够多的事要做，不会去想自己的行为是不是契合理论家们的说辞或者课程开发者的告诫。

这种对教师困境的描述尽管反映了事实，但是仍不充分。这种描述假设，如果每天有额外的时间或者教室里能够减少一些学生，教师就能够按照教学的外部批评家规划的方式来行动了。事实上，尽管是很重要的一个原因，但是问题不仅仅是因为教师太忙。问题还在于，教师从事的工作是一个质性的过程，既不像各种学习理论所描述的那样，也不像我所谓工程学的教育进步观描述的状况。

一如通常所示，教学是一个机会主义的过程。这就是说，不论教师还是他的学生，谁都无法准确预见下一刻会发生什么。计划永远赶不上变化。能够达到教育目标的意外时机总会涌现出来。有经验的教师会抓住这些机会，利用它们来促进学生进步。比如，如果讨论严重偏离了既定的方案，他就会决定干脆放弃最初的计划，让讨论继续下去；如果学生在自己的算术作业本上出现了不同寻常的错误，他会提醒全班学生都注意这一点，并且告诫他们不要再犯类似的错误；如果操场上有人打架，教师可能会决定取消下一时段的活动计划，花时间跟学生们谈一谈公平游戏的重要性，如此等等。虽然多数教师都会预先制订计划，但是他们同样意识到要时刻准备做出改变。

尽管教师计划的各种改变已经提供了最清晰的证据，可以证明课堂生活的不可预知性。但是，对师生交往的微观分析也可以揭示课堂生活的这一特点。杂乱无章的思考、福灵心至的顿悟、漫无边际的跑题、无关痛痒的插嘴以及别的各种细微断裂，不断干扰教学对话过程的平稳运行。有经验的教师会接受这种状态，并且将这些意外和不确定性，视为其环境的天然特征。他们懂得或者渐渐认识到，教育进步的路径更像是蝴蝶的飞行轨迹，而不是子弹的路径。另外，如果我们认同上一章的那些证词，那就可以相信大多数教师是享受这种工作环境的，并且实际上盼望自己的计划受到某些事件或意外的打扰。

课堂生活的不确定性不限于各种意外事件，也包含许多教师在决策中内含的复杂偶然性。例如，一个学生遇到了学习困难，教师要不要通知家长呢？在做这个决策时，教师考虑的就不仅是这个学生有没有进步，而且涉及对学生家长可能反应的估计、学生对教师的看法可能受到什么影响，以及其他学生对此事的反应等等。社会科是否应该继续讲美洲印第安人还是转入下一个主题？当教师做出决定时，相关的考虑就不仅是有多少学生了解了印第安人，而且包含学生对这个主题的兴趣、本年度包含的内容主题的数量、社会科与其他课程的关系等等。即使是在教师行动的那一刻，这种复杂性也在持续呈现，只是采用了一种不怎么显著的方式罢了。例如，在教师挑选举手的学生时，他常常还会一边想着下一次该叫谁、谁还没有发言、谁最有可能给出正确答案、谁最需要提醒一下等等。

这些有关教师决策复杂性的例子并不是要让读者感到教学任务的困难，尽管实际上的确会有这样的效果。更确切地说，它们说明了教师工作中那些无法回避的特点。这些特点对于那种把教师工作内容描述为高度理性化的模式做了极大的限制。考虑到自身工作的复杂性，教师必须学会忍受这种高度不确定性和模糊性。在具体情境下，他要满足于做那些"以为"或"觉得"是最妥当的事，而不是他"知道"的最正确的事。简言之，教师必须学会做出即时性反应。

在回顾一天的工作或者琢磨自己的行动有哪些过人之处时，教师应用的标准不仅限于学生的成绩和教育目标。教师还关心表扬与批评的分配是否公平、对于事情的微妙细节是否敏锐、执行的标准或规则能否一以贯之。换句话说，教师也关心自己的表现体现的风格。这一点儿也不比对具体目标是否达成以及实现了的具体目标本身的关切来得少。这时，工程学强调的那些优点，例如速度、效率、准确、经济，在教师那里就都不是第一位的考虑了。

教师不愿或不能精确陈述"行为"目标，这有时候也被用来说明教师工作缺乏客观性。这种观点认为，替代行为术语的一定是各种主观臆测，结果在描述实际状况时大相径庭。从某种意义上来说，这个判断情有可原。许多教师的确没有充分意识到自己想要达到什么效果。但是，从另一个意义上来说，教师有更强的行为取向，比人们通常对他们的判断要更加强烈。当教师密切关注学生烦躁不安或漫不经心的种种征兆时，当教师懂得区分学习活动中的真假参与时，他对具体行为的关注与行为目标拥护者们的主张同样充分。慵懒的姿态、低垂的眼眸、躲闪的目光，所有这些都是在课堂中偏离正轨的符号。反之，顿悟的表情、摇晃的小手或者专注地皱着眉头，这些都标志着事情一切正常。教师懂得如何解读这些课堂行为语言，并据此来调整自己的教学程序。在这样做的时候，教师可以尽可能接近自己的真实世界。

最后，认为学校是在浪费时间的那种抱怨也时常会出现，这可以为那些在教育问题上主张更快速、更经济、更有效的人们提供论据。教师对这种问题的忽略，或许正是我们当前学校系统的主要缺陷。但是，如果要认真对待上述有关浪费时间的指控，那就有必要做一番更切近的考察了。只有这样，这种指控在教育上的重要性才会被凸显出来。

有三种浪费时间的方式：完成某事的时候，比需求的速度更慢；明明有需要，但是选择不作为；做一些没必要或不知所谓的事。当然，有时候事实上没有浪费时间，也有可能被认为是在浪费，反之亦然。在课堂环境下考虑不同种类的时间浪费以及相应的感受，让上述有关学校是在浪费时间的指控变得更加复杂起来。

根据主观上不舒适的程度，一种痛苦最少的时间浪费形式是以比所需速度更慢的方式来实现目标。几乎可以肯定，这种方式也会产生不耐烦的体验。但是，只要取得了显著进步，这种情境就仍旧是可以容忍的。高速公路上缓慢挪动的汽车是这种情况的一个不错的例子。在这种状况下，人们通常能够体验到这种形式的不舒适。当交通完全堵死的时候，人的精神压力会显著上升，于是开始疯狂按喇叭，情绪也变得暴躁起来。但是，最糟糕的体验是这趟旅行一无所获，或者旅行者从一开始就确信自己是在做无用功。

我们习以为常的这些日常状况可以与教室里发生的事情做类比。学生有时候也感觉到自己行进得太缓慢，有时候也会觉得自己无所事事，有时候则可能无法理解当前行动的意义。在这三种情况下，他们常常会觉得时间被浪费了。但是，从心理的角度来看，第一种情况下的感受并不像后两种情况那样具有破坏性。

当我们考虑造成这三种主观体验的课堂条件时，对于速度、经济以及效率的关注显然只是把我们的注意力投向了一种浪费时间的可能性上，而且在某种意义上来说是最不重要的一种。如果学生能够更快速地掌握材料，他们的确就有可能掌握更多。但是，这能否显著减少他们那种时间被浪费的感受，仍旧值得怀疑。

本书讨论的课堂生活的几项特征都可以对"时间浪费综合征"产生影响。这包括无数的打断、细小的延迟、教室内的各种禁忌、上学的强迫性本质、对于未来幸福的预期等等。就像我们已经看到的那样，这些都来自学校的制度化特征以及学校中的人口数量。只要学生必须等待，这种经验就会带来浪费时间的感受，不论这个学生能否对集中讨论做出贡献。

但是，就像每位教师都知道的那样，要消除时间被浪费的感受，不仅要让学生忙起来或者避免不必要的延迟。这还包括说服学生，让他们相信所有这些强迫劳动是有价值的，他们忙活的那些事不仅是"瞎忙"而已。这种信念最终要看教师自己对于他的行为有没有信心。从心理的角度来看，一旦建立了这种信念，就会比无论多少教学宝典都更能节省时间。

三

患者中心心理学家或者心理健康专家掌握的专业技术，是教师在寻求帮助时求助的另一个来源。至少从逻辑的角度来看，这类人有可能为教师经常遇到的问题提供了不起的洞见。如果说学习理论家和工程师关心的问题太过于非个人化了，那么临床医师在这一点上则正好是个对立面。他们不会给教师提供什么终极建议，因为教师面对的情境总包含活生生的人。

总体来说，心理健康视角对于教育的意义不容忽视。如果教师对自身任务包含的心理成分更加敏感，那么课堂生活中许多常见的草率和残忍也许就会消失。一些批评者可能会取笑教师口中的"满足儿童需求"这句口号。但毋庸置疑的是，这样的话对于教育实务的确具有重要影响，而这句话正来自以整体主义策略为特点的心理健康运动。

尽管有这些帮助，但心理健康视角对于教师理解自身任务的复杂性来说还是存在许多限制。这些限制在很大程度上来自临床医师和教师之间的差异。二者尽管存在相当多的共性，但是二者远远没有达到等同的地步。

临床医师与教师的首要区别是，前者在原则上关心的是反常现象，而后者在原则上关心的是正常现象。对教师来说，如果遇到病理行为，并且因为工作之故不得不应对它，这些病理行为会被理解为对教师工作的一种破坏。对于医师来说，这种病理行为正是其专业活动得以存在的合法性依据。诚然，病理与常态的界限并不总是泾渭分明。我们甚至可以说，所有那些所谓正常行为都包含病理的成分。可是，即使这种区分包容了这样的模糊性，教师看待自己学生的基本立场也与临床医师十分不同。这一差异也许是相对的，但它无疑又是百分之百真实的。如果教师完全采用临床医师的视角，那么他的关注点就可能被导向教师心目中的边缘性问题。

关注病理还是关注常态体现了教师与医师对于行为的理智和情感这两方面在关切程度上的差异。同样，人类机能的这两个方面也无法做截然区分，因此教师和临床医师必须对人们如何思考和人们如何感受保持双重兴趣。但是，教师的独特责任在于帮助自己的学生熟练应对社交环境、意识形态环境以及物质环境。因此，与临床医师相比，教师更关注人的素养的完整图谱。这种关注同时附带了某种评价视角，而这在医师那里要么无关紧要，要么就干脆被放弃了。

医师有时会谈论"无条件的积极关注"在治疗上的价值，或者医患关系当中的非评价性态度。有一些人已经在倡导教师在面对学生时也要采取类似的态度了。的确，多数教师的评价带有某种不必要的严苛，因此他们有可能从临床医师的建议中获益。但我们知道，教师的责任包括指导学生才智的成长，因此在教室里很难维系一种非评价性氛围。正如许多教师可以证实的那样，当我们告诉一个学生他当天完成的所有算术题都不正确的时候，是很难采取"无条件的积极关注"的。一位有经验的教师也许可以在剔除错误答案的同时也不否定自己的学生。但是，无论教师如何保持无条件的关注，他都无法否定自己在学业方面的裁判员角色。

教师在关注个体的同时，几乎总会根据群体状况做出调整。这种双重关注表现了教师工作与医师工作的另一个差异。与学习理论家类似，患者中心心理学家通常也一对一开展工作（群体治疗不在此列）。可是，在关注学生个体的同时，教师还得盯着满屋子的孩子们。因此，对于教师来说，这类心理学家也不会有多大帮助。治疗基本不会在拥挤的人群中进行，而教师的教学却往往都是如此。

从对教师的参考价值来看，临床医师视角遗漏的另一个要素是，这个行业不关心直接的社会环境如何塑造人类行为、如何赋予其意义。正如每位教师都了解的那样，学生行为总会受到各种条件和限制的影响，远远超出了教室范围。同一个行为放在不同环境当中就可能有不同的含义。事实上，从教师的角度来看，学生行为在特定条件下的"适宜性"才是最值得关注的，亦即这些行为"满足"环境需求的程度。大部分医师没有这种对环境的关注。与教师相比，他们更喜欢对个体做去背景化的判断。

从临床视角来看，行为的主要"动因"是内在于个体的。一个人做自己要做的事，是基于兴趣、需求、动机、价值以及其他内在的动机结构。因此，要理解行为，就要找到这些隐藏在背后的根源。进一步来说，如果我们要明显改变一个人的行为，就必须关注具体的程序，这样才可以改变他的内心世界。与这种内在动力机制相比，外部推动的影响就要微弱多了。从临床医师的角度来看，生命的真相就是如此。

但是，站在教室前得到的有关行为习得的看法，在重要性排序上十分不同。从教师的角度来看，学生的多数行为都被认为是来自教师的指导，而不是来自学生内在的某种神秘力量。如果教师要求学生把生字本拿出来，生字本就会出现；如果教师提出了问题，学生的手就会举起来；如果教师要求学生安静，学生通常就会马上静下来。换句话说，学生的外显行为和大量戏剧性的行为变化都是基于教师的控制。这并不是说学生像个木偶那样被动。实际上，即使大多数学生响应了教师的指令，也仍然会有一部分学生不那么做。正如我们已经看到的那样，各种不可预测、无从解释的事件永远伴随着教师。但是，正如教堂和餐厅那样，总体来看课堂也是高度结构化的，是一种带有强迫性的环境，观察者不需了解每个人的内心就可以理解这里发生了什么。动机、兴趣、需求以及其他心理机制固然会对行为产生影响，但是这些个性化的动机结构同时也受到情境因素的调节和限制。澄清和管理这些需求是教师的核心工作之一。如果一位教师为了做好这些工作，决心花大力气学习人格动力学或心理病理学，那么他会发现自己学到了太多用不上的东西。

在课堂事务的表层以下是个人心理的复杂世界。有时候，似乎存在某种强制的律令在要求教师进入这个世界。这时，教师被迫停下来，尝试揭开个别学生不寻常的教育表现背后的种种心理纠葛。不过，考虑到教师责任的范围之广大，要停顿太长久或者停顿太频繁都是不现实的。虽然从临床医师的角度来看，教师有关学生的心理学知识一定是肤浅的，但是这种状态仍有必要保持下去。

要点在于，在临床医师看来十分肤浅的观点在教育上是不是足够应用了？换句话说，对每个学生了解得更多是否真能让教师工作更有效？解答这个问题的一个方案，是追问教师是否有必要了解自己学生的方方面面。如果用这个极端的形式来追问，答案显然是肯定的。已经与学生相处了一段时间的教师，显然比第一天报到的教师在制订计划方面要完善得多。但是，知识的持续增加同样有可能存在某个收益递减的拐点。到了那一步，它就不再能增进教师的熟练程度了。

为了理解种种限制的作用机制，有必要区分人类行为中的"如何"和"为何"。通常，教师更感兴趣的问题是学生对特定教育经验会"如何"反应，而不是他们"为何"这样反应。例如，比利同学努力学习、能够完成指定的作业，因此教师打算给他布置更多的任务；约翰同学与他刚好相反，约翰总是偷懒，浪费课堂作业环节的时间，尽管他在集中讨论环节显得很主动；读书时总是咳嗽的萨拉同学平常总喜欢在放学后留下来帮助教师，她看起来对科学课没什么兴趣；班里最受欢迎的玛克辛同学，她在艺术方面很突出，并且善于承担责任。诸如此类的例子比比皆是。随着入学时间的增长，教师会对每个孩子形成多少还算充分的理解，知道他会在具体情况下做出何种反应。尽管与其余孩子相比，教师对某些孩子的信息要掌握得更加全面、更加准确。但是，正是这些东西的组合，构成了教师心目中教育工作的整体图像，他正是根据这一图像来开展工作的。

关于学生"为何"这样做的理解是否重要，要看讨论的行为具体是指什么。例如，当教师考虑学生的能力大小时，所谓"为何"的问题就几乎没有什么教育上的价值。比利同学很勤奋，约翰同学在集中讨论时很活跃，玛克辛同学有艺术特长，在此之外谁会在乎"为何"这样的问题呢？事实上，不论临床医师是否满意，大多数教师只会对这些好苗头心怀感恩，而不会好奇为何出现这样的状况。

与理想行为的来源问题相比，教育缺陷的来源显然与教师工作更为相关。因为，我们假设教师总是希望做一点什么来弥补这些缺陷。但是，正如每一位临床医师都了解的那样，即使在最佳条件下，要想提取出这些先在的原因，也可能是一个漫长而又无聊的过程。此外，即使这些行为基础能轻易被人发现，这些知识对于教师的作用也是存疑的。萨拉同学不喜欢科学，这到底是因为她在低年级时学得不好，还是因为她不喜欢自己的科学家爸爸？选择不同的解释之后，教师对待萨拉同学的方式会有什么不同？坦率地说，差异相当小。

萨拉同学的老师每周要给二十五到三十名学生教三到四个小时的科学，此外他还要教社会、阅读、拼写、算术以及更多别的课。老师尽力让自己的课变得有趣，以此来吸引萨拉。如果萨拉同学能够在期末以前不再反感科学，老师就觉得很满意了。但是，如果下一年萨拉同学还是不喜欢所有有关科学的内容，老师显然也不会把这作为自己专业失败的一个标志。

　　教师当然关心个别学生。只要看到学生的课堂表现，他就会不由自主地感到焦虑，甚至会带着这种焦虑去见学校的心理咨询师。从那里得来的帮助也许能让教师对各种掩藏在日常工作表面以下的心理活动变得更为敏感，可以帮他对极少数表现出严重学习困难的学生获得更深入的理解。总之，这种帮助的确可以对教师整体效能的提升做出贡献。

　　可即使有这些帮助，教师的任务也不会明显减轻。教师获得了新理解，可是学生的问题还是会继续下去。甚至，即使学生的情况有所改变，教师的负担也还是没有减轻。因为，教学不只是设法应对那些让临床医师感兴趣的少数学生。要做的事情还很多，比如决定在阅读课上读什么、设计新的社会研究主题、决定下一周的进度报告该说点什么。此外，教师还要考虑新的座位安排、操心从来没有动过的实验桌以及等着批改的一大堆作业，诸如此类。考虑到这些让教师工作变得复杂的因素，那些提议要向临床医师学习的专家们恐怕也只能耸耸肩膀，表示爱莫能助了。

四

　　有志于把学习理论或者工程学观点应用到教学实践中来的人，总想把教学由一种类似艺术的事务转化为一种类似科学的事务。但是，没有足够证据表明这种转化是可能的，是我们需要的。另一个同样合理的目的，是在转化之前先行理解日常教学过程。这与本书表达的观点更为一致。如果更了解熙熙攘攘的教育场景，我们就会致力于保存而不是转化那些构成教师工作艺术性的元素。

试图发现课堂当中发生了什么，这个目标并不新鲜。它甚至不能说是当今教育研究者们的主要关注点。关于如何着手去实现这个目标，我们已经了解了许多。并且，我们也相当清楚在实现这一目标的过程中可能会发生什么。因此，如果本书以一些忠告或者建议来结尾，告诉人们以后的工作应该如何开展，这看起来是没有必要的。然而，因为本书的许多观点还远远没有被教育界广泛认可，所以提供一些类似的表达也还算必要。

首先，几乎毋庸置疑的是，将来会有更多研究者投入更多时间来观察课堂或者至少研究课堂记录。近年来已经增加了大量观察研究，并且看起来这种趋势还会继续下去[1]。另外，也有证据表明，课堂研究者在分析课堂现象时的方法已经开始脱离心理与教育测量[2]。其中，参与式观察的技术、人类学的田野调查得到了教育研究者的广泛青睐。

尽管对学校的参与式观察让我们获益良多，但是我们对学校生活

---

[1]　下面这些人的作品可以作为该趋势的代表：玛丽·休斯、B. O. 史密斯、内德·弗兰德斯、雅各布·库宁、阿尔诺·贝拉克、埃德蒙·阿米登以及希尔达·塔巴（Hilda Taba）。

[2]　路易斯·史密斯（Louis Smith）、布鲁斯·比德尔以及朱尔斯·亨利最近的一些研究使用了部分新的方法论。

的理解不能仅限于专业教师观察者的田野笔记中的信息。在参与式观察之外，我们还应该在学校内培养一批善于观察的参与者。教师、管理者甚至学生也有能力超越自身经验，用一种分析的眼光看待自己，并且清晰地表达自己[①]。尽管只有少数参与者最终能够在日常工作以外，在情绪和技能方面为从事这项工作做好准备，但是考虑到教师群体的庞大规模，那么即使只有万分之一的比例，也足以形成一支强大的针对教学过程的"内部批评者"队伍。

如果对课堂的观察研究增加了，那么谈论教学的新方式也就会应运而生。毫无疑问，这种描述性语言不会固化为某种一致的教学理论。相反，我们将会看到不同批评视角的出现。通过它们，我们就能够以不同的方式来看待课堂中的各种事件。可以期待，每一种视角都可能为实践者和研究者提供一种研究教育问题的独特策略。例如，本书聚焦的是教师和学生所在的制度母体。这种视角一旦成功，就可以引导教师和研究者追问有关学校运行的问题，而这类问题此前几乎无人问津。

另外，要注意的是，观察研究的这类描述性语言，提供了一种对于教育的内外部人员都同样有价值的批评语言。当教师和研究者开始使用同一套语言的时候，互相倾听的可能收益就会大大增加。现在，教师尤其缺乏一套有效的描述性语言，可以用来表达自己的工作。结果，在描述自己的工作时，他们只能炒别人的冷饭或者高喊一些口号。

---

① 约翰·霍尔特(John Holt)最近的一些作品就是让人印象深刻的例子，代表了从善于表达的实践者那里可能获得的洞见。

这种状况也许本就无可避免，也许当一套教育批评的语言为教师熟知以后也会僵化为另一套老调调，但是对一种新鲜的、富有活力的语言的需求看起来还是十分明显的。

与上述观察同等重要的是确保一个开放的心灵，对于所见的东西保持开放。我们观察课堂的方式不要受此前有关课堂生活的各种成见的限制，甚至不能受那看起来煞有介事的教学与学习之间抽象逻辑联系的限制。简言之，我们必须做好准备，愿意放弃有关课堂生活的各种廉价信念。

最后，我们要牢记的是，无论是在时间上还是在空间上，所有那些课堂现象都是普遍存在的。要知道，课堂里的每一分钟，都是类似的百万分钟当中的一个。上百万的人在经历这些，并且每个人都要上百万次地一再重复。唯有牢记这一点，我们才能够切近地探究我们眼前的这些细节。如果单另来看，课堂生活的诸多层面就都会显得微不足道。并且，在某种意义上来说，事情也的确是如此。只有在不断累积、不断反复的特征得到考虑时，它们的重要性才能得到展现。因此，除了观察教学互动的主要特征以及课程的总体设计，我们也万万不能忽略那些转瞬即逝的事情的意义，也就是学生打个哈欠或者教师皱下眉头那样的事。与人们最初的印象不同，这一类事件恰恰包含了有关课堂生活的丰富信息。

图书在版编目(CIP)数据

课堂生活／(美)菲利浦·W.杰克逊著；丁道勇译. —北京：
北京师范大学出版社，2021.3(2023.6 重印)
(教育经典译丛／张华主编)
ISBN 978-7-303-26364-6

Ⅰ.①课… Ⅱ.①菲… ②丁… Ⅲ.①课堂教学－教学研究
Ⅳ.①G424.21

中国版本图书馆 CIP 数据核字(2020)第 195355 号

北京市版权局著作权合同登记号：图字 01-2019-4332

图 书 意 见 反 馈 gaozhifk@bnupg.com 010-58805079
营 销 中 心 电 话 010-58807651
北师大出版社高等教育分社微信公众号 新外大街拾玖号

KETANG SHENGHUO
出版发行：北京师范大学出版社 www.bnup.com
　　　　　北京市西城区新街口外大街 12－3 号
　　　　　邮政编码：100088
印　　刷：北京盛通印刷股份有限公司
经　　销：全国新华书店
开　　本：890 mm×1240 mm　1/32
印　　张：8.75
字　　数：183 千字
版　　次：2021 年 3 月第 1 版
印　　次：2023 年 6 月第 5 次印刷
定　　价：68.00 元

策划编辑：周益群　　　　　责任编辑：周益群　张筱彤
美术编辑：李向昕　　　　　装帧设计：李向昕
责任校对：段立超　　　　　责任印制：马　洁